대흥역
3번 출구

대흥역 3번 출구

초 판 **1쇄 인쇄** 2024년 1월 5일
초 판 **1쇄 발행** 2024년 1월 9일

저 자 노 웅 래
발행인 황 세 연
편 집 김 영 권
디자인 디자인86
교 정 박 수 빈
C T P 예컴(주)
제 본 대명제책
발행처 도서출판 중원문화
주 소 서울특별시 마포구 서강로 11-24(창전동 2-33)
주문처 02-325-5534 FAX 02-324-6799
ISBN 978-89-7728-489-0(03100)

대흥역 3번 출구

노웅래 지음

2024

도서출판 중원문화

Exit 3 of Daeheung Station

by
Roh woongrae

Reprint 2024 by Jungwonmunhwa Publishing Co.

머리말

새로운 시작을 알리는 청룡의 해, 2024년이 되었습니다. 새해가 시작되었지만, 민생은 바닥이고 나라는 온통 불안불안합니다.

윤석열 '검찰독재' 정권이 들어선 이후 무시무시한 세상이 되었습니다. 저 역시 올가미에 걸려든 대표적 정치인입니다. 아무리 이재명 대표를 잡아넣고 싶어도, 야당 탄압하기 위해 수단 방법 가리지 않는다 해도, 전혀 알지도 못하고 전화 한 통 한 적 없는 전과 16범이 나에게 '뭐' 주었다고 뒤집어씌우는 정치검찰, 명백한 정치 탄압입니다. 공작 수사이고, 조작 수사입니다.

저는 진실의 힘을 믿습니다. 사필귀정을 믿습니다.

저는 이번 일을 당하면서 정치검찰은 아니 땐 굴뚝에서도 연기 나게 할 수 있구나, 조서를 쓰는 게 아니라 꾸민다고 말하는 이유를 뼈저리게 느꼈습니다. 법정에서 무도한 정치검찰에 굴하지 않고 조작의 실체를 밝히겠습니다. 윤석열 '검찰독재' 정치검찰이 국민 앞에 무릎 꿇을 때까지 앞장서서 싸울 것입니다.

저는 그동안 구태정치라는 '끼리끼리' '편 가르는' 계파정치, 진영, 이념의 정치를 비판해 왔습니다. 오직 '민생 제일' 중도진보의 '민주당 정신'을 꿋꿋하게 지켜왔고, 앞으로도 그럴 것입니다.

백척간두 진일보 정신으로 당당히 딛고 일어서서 국민만 보겠습니다. 어렵고 소외된 이웃을 대변하는 초심대로, '下心으로 恒心으로' 새로운 정치를 개척하고자 합니다. 오직 국민의 뜻대로 나아가는 정치쇄신 꼭 필요합니다.

마포의 하늘은 높습니다. 마포는 강북의 강남이요, '마용성'의 으뜸입니다. 이제 마포를 서울의 으뜸으로, 대한민국의 으뜸으로 열어야 합니다.

한강과 임진강을 잇는 서해 뱃길을 열고 경의중앙선을 중국, 러시아를 거쳐 유럽까지 연결하는 '유라시아 대륙 철도시대'를 열어 나가는 일도 우리의 중요한 과제입니다.

2024년 청룡의 해에 승천하는 청룡의 기상이 우리 모두에게 함께 하기를 기원합니다.

2024년 1월 15일

대흥역 3번 출구 앞에서

추천사

염수정 추기경

마태오 20장 26절~28절의 말씀입니다.

"그러나 너희끼리는 그렇게 해서는 안 된다. 너희 가운데서 위대하게 되고자 하는 사람은 누구든지 너희를 섬기는 사람이 되어야 하고, 너희 가운데서 으뜸이 되고자 하는 사람은 너희의 종이 되어야 한다. 인자는 섬김을 받으러 온 것이 아니라 섬기러 왔으며, 많은 사람을 위하여 자기 목숨을 몸값으로 치러 주려고 왔다."

노웅래 의원님의 출판기념회 소식을 전해 들었습니다.
지난 세월, 국회 가톨릭신도의원회 회장으로 성심을 다해 봉사하셨습니다.

감사드립니다. 우리 구세주 예수님의 모범을 따라서 이웃을 위한 귀한 쓰임이 되시기를 기도드립니다.

추천사

조계종 前 원로회의 의장 학림사 조실 대원

天地의 福德을 同受同樂하리라

天體運氣를 밖으로 그려서 드러내려고 해도 다 드러낼 수 없고 千態萬象을 갖추고 있는 地體의 덕상과 실체를 다 그려서 밖으로 드러내려고 해도 드러낼 수 없다. 특히 그 가운데 서 있는 인간이 천지를 활용하고 살아가는 인생 여정의 실체를 어떻게 말로 문자로 다 드러낼 수 있겠는가? 그리고 만약 드러낸다면 천지의 도를 어기게 되는 것이며 또 인생의 眞面目에 때를 묻히게 되고 불성에서 거리가 멀어지게 된다. 그러나 盧雄來의원께서 일생 삶의 과정을 '대흥역 3번 출구'라는 이 책 한 권에 담아 드러내 본다고 산승에게 추천사를 부탁하시니 노웅래의원에게 누가 됨을 감수하고 게송으로 몇 자 두서없이 적어봅니다.

石峯鐵林吐光明(석봉철림토광명)
乾坤之中獨露雄(건곤지중독로웅)
爲民慈心不惜命(위민자심불석명)
樓臺福樂處處來(누대복락처처래)

돌봉우리 쇠수풀이 밝은 광명을 토하니 하늘땅 가운데 홀로 드러난 영웅이요

백성을 사랑하는 마음이 목숨도 아끼지 아니하니 높은 루대에 복과 즐거움이 곳곳에서 만민과 함께 함이로다

雄來라고 하는 두 글자 속에 이 한 권의 뜻이 여기에 들어있다는 것을 소개하는 바입니다. 누구든지 탐독하시면 다 함께 복락을 누리게 되리라 믿습니다. 어떻게 노웅래 의원님의 높고 깊고 넓은 업적과 眞面目을 다 드러내겠는가?

그러나 초봄에 붉은 꽃 한송이를 보면 천지가 봄인 줄 알고 바닷물 한 방울을 찍어 먹어보고 바다 전체가 짠 줄 알듯이 노웅래 의원이 출판한 이 한 권을 보면 누구든지 이 책과 노웅래 의원의 진면목을 일목요연하게 보시게 될 것이라 추천하는 바입니다. 나를 바로 보면 무한한 지혜의 보배 창고가 있는 것을 알게 됩니다. 이 보배는 쓰고 써도 밑도 끝도 없습니다. 지혜 있는 자는 지식에도 무식에도 머물지 않습니다. 그래서 지혜 있는 자는 시작도 멋지고 중간도 멋지고 끝마침도 멋지게 합니다.

劫外一物常獨露 (겁외일물상독로)

不依春風常花發 (불의춘풍상화발)

須彌頂上面南行 (수미정상면남행)

石女溪邊笑點頭 (석녀계변소점두)

겁 밖의 한 물건이 항상 홀로 드러나니

봄바람을 의지하지 않아도 항상 꽃은 피네

수미산 정상에서 얼굴을 남쪽으로 보고 행하니

돌여자가 시냇가에서 웃으면서 머리를 끄덕이는구나

노웅래 의원의 무궁한 발전과 큰 성취를 기원합니다.

목 차

제1부 희망의 마포, 마포의 희망

1. 권력이 책임지지 않을 자유는 없다 16

2. 현장에 답이 있다 21

3. 정치적 갈등의 답은 '본질'이다 28

4. 가짜뉴스는 가짜가 아니다 36

5. 이념보다 경제외교가 필요하다 40

6. 그래도 의대 정원은 늘려야 한다 44

7. 아이 중심의 정책 패러다임 49

8. 빚내서 집 사지 마라 54

9. 수도권 규제의 딜레마 59

10. 언론이 언론다워야 한국의 정치가 산다 63

11, 엑스포 유치로 경제가 해결된다고? 69

12. 정치의 최고 가치는 '공정사회 실현'에 있다 74

짧은 글 긴 울림 78

제2부 기획, 조작, 무죄 입증

- 노웅래 정치탄압에 대한 입장 108
- 검사독재정치탄압대책위원회 성명서 112
- 박성준 대변인 브리핑 114
- 안호영 수석대변인 브리핑 115
- 제34차 최고위원회의 모두 발언 116
- 제48차 최고위원회의 모두 발언 120
- 제52차 최고위원회의 모두 발언 125
- 체포동의안 부결을 위한 본회의 신상 발언문 131
- 노웅래 의원, YTN 인터뷰 135

제3부 정치인 노웅래

- 국회의원 노웅래 더불어민주당 최고위원 출마선언문 152
- [1번지현장] 노웅래 민주연구원장의 '대선 기상도' 158
- 민주연구원 정책브리핑 168
- 노웅래의 민생정치 171

SBS
YTN

제 1 부

희망의 마포, 마포의 희망

1. 권력이 책임지지 않을 자유는 없다

2022년 10월 29일은 159명의 젊은이가 이유도 모른 채 압사당한 이태원 참사가 일어난 날이다. 윤석열 정부의 행정 능력의 한계를 여실히 보여준 사건이었다. 안전 체계가 잘 갖춰진 한국에서는 현대화 이후 군중에 의한 대규모 압사 사고가 일어나는 일이 거의 없었기에 1년이 지난 지금도 충격이 가시지 않고 있다.

20세기 중반까지만 해도 압사 사고가 꽤 빈번했다. 1960년 설날을 이틀 앞두고 귀성길 군중이 서울역에서 한꺼번에 몰려 31명이 사망했다. 1959년에는 부산공설운동장에서 시민위안잔치 도중 소나기를 피하려는 관중 3만 명이 좁은 출입구로 몰리면서 67명이 사망하는 사고가 발생했다. 2005년 상주 종합운동장에서 가요 콘서트 공연 시작 전에 출입문으로 인파가 몰려 11명이 압사당한 사고가 있었다.

이들 세 사건을 제외하면 이태원 참사 전까지 한국에서 군중에 의한 대규모 압사 사고는 거의 없었다고 해도 과언이 아니다.

전 세계적으로도 대규모 압사 사고는 사례가 많지 않다. 그러나 예멘의 수도 사나에서는 91명이 사망한 압사 사고가 발생했다. 예멘 내전 중에 현지 상인들이 구호 물품을 지원한다는 소식에 수백 명의 시민이 몰려든 탓이었다.

2010년에는 캄보디아 프놈펜에서 축제 도중 347명이 압사 사고로 사망했다. 사고가 발생하기 전부터 콘서트가 열리는 코 피치라는 작은 섬에는 평소 400만 명이 왕래하면서 사고가 예견되어 있었다. 그런데 경찰이 당일 군중을 통제할 목적으로 물대포를 발사하면서 사고가 더욱 커지고 말았다.

이슬람 성지인 메카와 그 주변은 성지 순례 기간이면 전 세계에서 몰려든 순례객들로 붐비기 때문에 압사 사고가 빈번하게 일어난다. 2015년에는 무슬림들이 마귀 돌기둥 의식을 하다가 압사 사고로 2천 명 이상이 사망했다. 2005년에는 345명, 1994년에는 270명이 사망했으며, 1990년에는 1천 명을 수용할 수 있는 터널에 5천 명이 몰리며 1,426명의 사망자가 발생했다.

압사를 예방하거나 방지하는 기술도 중요하지만 가장 효과적인 압사 사고 예방책은 철저한 안전 대책이다. 미국을 비롯한 선진국에서는 '군중 관리'라고 해서 행사에 참여하는 대규모 인원들을 안전하게 관리하는 체계적인 계획과 매뉴얼이 마련되어 있다.

특히 미국은 세계 최대 규모의 치안 관련 비영리단체인 국제경찰청협회(IACP)에서 발간하는 군중 관리에 대한 운영 모델 '크라우드 매니지먼트 관리 모델'을 기반으로 한 매뉴얼과 체계를 유지하고 있다.

압사 사고는 행정 체계가 완비되지 못한 나라들에서나 일어날 수 있는 후진적 사고이다. 그런데도 2022년에 서울에서 이런 사고가 일어난 것을 곱씹어 봐야 한다.

책임은 누구에게 있는가? 왜 그런 매뉴얼이 제대로 갖춰지지 못했고, 문재인 정부 때는 예방조치가 취해졌음에도 윤석열 정부에서 예방조치가 취해지지 않았는지, 사고의 원인을 따져보고 곱씹어 봐야 할 문제는 산적해 있다.

윤석열 대통령은 "책임 있는 사람이 책임지는 것이 마땅하다."라고 말함으로써, 힘 있는 대통령실과 행정안전부는 책임 논쟁에서 빠졌다. 대신 전 용산경찰서장과 용산구청장 등 상대적으로 힘이 약한 아랫사람이 모든 책임을 뒤집어썼다.

공직자는 국민에 대해 무한 책임을 져야 한다. 그래야 기본적 사회적 연대가 가능하다. 특히 고위공직자는 법적 책임을 넘어 도의적 책임까지 져야 한다. 그런데 윤석열정권은 이를 완전히 무시하고 있다.

힘에 의한 양육강식의 상황은 되풀이되고 있다. 미국을 제외하고 세계 경제는 코로나19를 벗어나기 위해 펼쳤던 각국 정부들의 확대 재정으로 현재 스테그플레이션 상황을 겪고 있다. 작금의 인플레이션을 막고자 한 각국의 금융당국들은 앞다투어 금리를 인상했다.

금융당국의 금리 인상은 은행들에게 상상을 초월한 이익을 안겨 주고 있다. 항상 금융권 잘못으로 초래된 금융위기 때마다 책임은 애먼 국민에게 전가된다. 지난 1997년 IMF 사태와 2009년 세계 금융위기 때 국민이 오롯이 책임졌던 혹독한 대가로 살아난 은행들이 그들만의 돈 잔치를 벌이게 해서는 공정하지 못하다.

당시 혹독한 대가를 치렀던 국민은 어떠한가? 코로나19 상황 이후 금리 인상으로 가계의 가처분소득이 줄어들고, 국민경제가 위축되면서 600만 자영업자와 중소기업들은 붕괴 위기 상황에 놓였다. 이를 위해 초과수익을 얻은 은행들이 어느 정도의 피해를 분담하는 것이 정당한 조치 아닌가?

금융위기 때마다 금융체계가 무너지면 국가가 무너진다는 모피아들의 논리에 따라 서슴없이 국민 혈세를 투입했다. 정부의 금리 인상 정책으로 호황을 누리는 은행과 달리 가계의 가처분소득은 줄어들었다. 국민경제가 위기에 처하는 상황에서 금융권의 책임을 벗겨주는 게 공정한 사회인가? 아니다. 그래서는 안 된다. 금리 인상이라는 정부 정책으로 초과이익을 누리며 그들만의 돈 잔치를 벌이는 은행에 고통 분담을 지우지 않는 윤석열 정부는 공정하지 못하다.

윤석열 대통령은 '공정과 상식'을 내걸고 대통령에 당선되었고, 기회가 있을 때마다 '공정과 싱식'을 외쳐왔다. 윤석열 대통령의 '공정과 상식'의 캐치프레이즈 뒤에는 문재인 정부가 '공정과 상식'을 저버렸기 때문에 국민적 공감대를 얻지 못했다는 분석에 기초하고 있음을 우리는 잘 안다. 그런데 언론사의 여론조사 결과들을 보아도 윤석열 정부에 대해 공정하다고 생각하지도 않을 뿐만 아니라 상식적이지도 않다고 생각하는 국민이 60%를 넘어선 지 오래다. 단지 윤석열 대통령만이 '공정과 상식'의 정치를 하고 있다고 믿을 뿐이다.

공정은 개인의 가치관에 의해 해석을 달리할 수 있는 철학적 개념을 동반한다고 할지라도, 상식은 국민의 합리적 사고와 같음을 의미하는 것인데, 윤석열 대통령의 공정과 상식은 왜 국민 대부분과 괴리를 낳고 있는가?

지체장애인들이 이동권을 보장해달라고 주장하면서 시위하도록 방치하는 우리 사회를 공정한 사회라고 할 수 없다. 불평등을 해소하기 위한 그들의 시위에 대해 불편함을 호소하고 비판하는 사회를 공정한 사회라고 할 수 없다. 약자에게 제공되는 복지예산은 불평등한 위치에 있는 약자에게 평등을 실현하는 유일한 국가 수단인데도 이를 삭감하는 윤석열 정부의 정치를 공정과 상식의 정치라고 할 수는 없다.

모름지기 공정한 정치는 분배를 실현하는 것이고, 공정한 분배는 불평등한 위치에 있는 약자에게 유리한 분배가 이루어지는 것을 말한다. 존 롤스(정치학자)는 불평등한 위치에 있는 약자에게 유리한 분배가 평등한 분배라고 주장했다. 우리 속담인 역지사지(易地思之)의 입장에서 상대를 배려해야 한다는 것이다.

윤석열 정부가 해야 할 일은 분명하다. 내 가족이 당할 수 있는 사건이라는 전제에서 내가 힘없는 사람이라고 생각한다면 어찌할 것인가? 죽은 자의 원혼을 풀어주기 위해 특검법을 받아들이고, 철저히 조사해달라는 부모의 입장을 받아들이는 것이다.

2. 현장에 답이 있다.

지난 12월 6일 윤석열 대통령이 그룹 총수들을 동행하고 부산 재래시장을 방문했다. 명목은 민생탐방이었지만 부산 엑스포 유치 실패를 만회하기 위한 이벤트였다.

이재용 삼성전자 회장을 비롯하여 최재원 SK수석부회장, 구광모 LG그룹 회장, 김동관 한화그룹 부회장, 정기선 HD현대 부회장, 조원태 한진그룹 회장, 조현준 효성그룹 회장, 한국경제인협회장인 류진 풍산그룹 회장 등이 함께 했다. 그들은 부산의 대표 전통시장을 방문하여 나란히 서서 떡볶이와 어묵을 먹는 먹방 유튜브 한 편을 찍었다.

대통령 모든 행보는 정치적 해석이 가능해야 한다. 묵직한 메시지를 전달하기 때문이다. 윤석열 대통령은 도대체 무슨 메시지를 국민에게 전달하려고 바쁜 재벌 총수들을 이끌고 부산에 갔을까?

그는 국제시장 방문 전 행사로 부산항국제전시컨벤션센터를 찾아 부산세계박람회(엑스포) 유치를 위해 노력한 시민 대표, 부산 지역 국회의원, 기업인과 정부·지자체 관계자 등 100여명과 격려 간담회를 가졌다. 이 자리에서 그는 "우리가 비약적인 성장을 이뤄내기 위해서는 모든 국토를 촘촘하게 빠짐없이 활용해야 한다."면서 "그러기 위해서는 부산이 남부권의 거점 도시가 돼야 한다."

고 강조했다. '부산 글로벌 허브 도시 조성을 위한 특별법' 추진, 가덕도 신공항 개항, 한국산업은행 부산 이전, 북항 재개발 사업 신속 추진 등 부산의 글로벌 거점화를 위한 제도와 인프라 구축을 약속했다.

부산에서 윤석열 대통령이 보인 어떤 메시지에서도 총수들을 동반해야 하는 이유를 찾을 수가 없다. 나만 그런 것 같지는 않다. 윤석열 대통령의 부산 방문 이후, 여론조사에서 부산 주민들의 윤석열 대통령 지지율은 더욱 낮아졌고, 야당뿐만 아니라 사회 전반적 여론에서도 '내년 계획을 수립하기에도 바쁜 주요 그룹 총수들을 일제히 부산으로 몰고 가 '분식 먹방이나' 찍고 이것이 화제가 되는 상황이 안타깝다'는 목소리들이 나왔다.

대통령을 비롯하여 정치인의 현장 방문은 매우 중요한 의미가 있다. 구중심처에 갇혀 지내던 조선의 왕 중에서 높은 평가를 받는 정조대왕이나 숙종은 밀행이라는 이름의 민생탐방을 곧잘 했던 것으로 잘 알려져 있다. 정치 리더들이 현장 방문을 하는 것은 국민이 생생하게 전달하는 현장의 목소리를 들을 수 있는 유일한 통로라고 생각하기 때문이다.

그런데 요즘 윤석열 대통령의 민생탐방이 한심하다는 생각까지 드는 이유는 무엇일까? 우리나라 정치인 특히 대통령들의 현장 방문에는 몇 가지 공통점이 있다. 하나는 꼭 전통시장을 방문하고, 둘째는 길거리 시장 음식을 먹거나 신발가게에 들어가서 신을 것 같지도 않은 값싼 서민 신발을 사거나 과일 등을 한 봉지 산다는 것이다. 그리고 먹는 장면, 사는 장면의 사진 몇 컷을 찍는다. 그야말로 사진 몇 컷 찍기 위한 보여주기 행사이다.

나는 대통령을 비롯하여 국회의원들과 같은 리더들의 현장 방문은 서민 이야기를 생생하게 듣기 위함이라고 생각한다. 나는 마포에서 나고 자랐고, 한 번도 떠나지 않고 살고 있다. 정치를 시작한 이후 새벽 5시면 일어나 아파트를 나선다. 생활체육시설에 나가 아침 운동도 하면서 이웃 주민들과 살아가는 이야기를 나누거나 성당에 들러 아침기도를 하면서 이웃 주민들을 만나 왔다. 그리고 지역사무실까지 30여 분을 걸어 가면서 지역 주민들을 만나 인사한다.

선거철에는 더 열심히 돌지만, 평상시에도 나는 부지런하게 지역구를 돌아다닌다. 마포에서 태어나 평생을 산 마포지기로서 지역구가 마포갑이라는 사실 자체만으로서 항상 감사하게 생각한다. 나의 고향이고, 삶의 터전이기에 모든 정성을 이 마포구에 쏟을 수 있기 때문이다. 그래서 내가 만난 지역 주민은 단순한 유권자가 아니라 이웃이고, 고향 사람이다.

아는 어르신들은 서슴없이 "어이, 노의원!" 나를 부른다.

반면에 나를 아는 듯하면서도 쑥스러워 말을 건네지 못하는 동네 주민에게는 먼저 다가가 악수를 청하고 "노웅래입니다. 요즘 생활은 어떠하십니까?"라는 인사를 건넨다. 인사를 건네면 지역 주민 대부분은 쑥스러워하면서도 반겨준다. 아침 일찍 문을 연 가게를 지나갈 때면 사장님께 "요즘 경기는 좀 어떻습니까?"라고 인사한다. 지역 주민에게 인사할 때면 겉치레 말로 들리지 않도록 항상 세심하게 주의를 기울인다. 이 일을 귀찮게 생각하지 않는 것은 내가 정치인 집안에서 태어나 정치인으로 살면서 숙명인지도 모르지만, 주민을 만나고 민원을 듣는 것 자체가 일처럼 느껴지지 않기 때문이다.

지역사무실 일이 끝나고 급한 일이 없는 경우에는 걸어서 집에 돌아온다. 건강에도 좋고, 걸어가면서 지역 주민을 만나 그들의 이야기를 듣다 보면 정치하는 사람의 도리를 다하는 것 같아 기분이 좋다. 무엇보다 그들의 삶의 이야기를 듣다 보면 정책에 반영해야 할 아이디어도 얻을 수 있다. 걸어서 집으로 돌아오는 길은 1석5조의 길이 된다. 오는 길에 만나는 지역 주민들은 나에게 자기 삶의 이야기뿐만 아니라, 내 정치에 대한 훌륭한 모니터로서의 역할을 마다하지 않는다.

마포구를 가로지른 경의선 철로가 지역 주민들이 자유롭게 즐길 수 있는 생태공원으로 탈바꿈하게 된 과정도 지역 주민들과의 현장 대화가 큰 역할을 했다. 마포지역을 동서로 가로지르는 경의선 철로는 분진과 소음 때문에 수십 년 동안 지역 주민들에게 큰 골칫거리였다. 국책 사업으로 경의선이 지하화되었다. 남은 철길에는 무단 쓰레기 투기로 몸살을 앓게 되었고, 지역 주민들의 불만은 하늘을 찔렀다. 철도공단은 부지 매각을 추진했다.

폐쇄된 경의선 철길은 지역사무실에서 집으로 가는 길옆이기도 했다. 여기에 숲길 공원을 만들면 좋겠다고 생각했다. 주민들의 의견도 비슷했다.

2007년 나는 '철도부지매각금지법안'을 제출하여 매각을 막았고, 서울시로부터 480억 원의 공원화 예산을 받아내 현재 마포 구민들이 가장 사랑하는 경의선 숲길 공원이 만들어졌다. 과거에는 빈민화되었던 철길 양 옆길은 맛집으로 소문난 음식점들과 카페들이 즐비하게 들어와 지역 상권이 활성화되었을 뿐만 아니라 시민들이 다양하게 즐길 수 있는 토대가 되었다.

2019년 중국 우한에서 시작된 '코로나19'는 국내에서도 2020년 2월 말 대구광역시 신천지교회를 매개로 확산되었다. 국민은 죽음과 맞닿아 있는 신종 바이러스 공포에 질렸고, 언론은 연일 코로나19 예방조치로 KF95 이상의 마스크를 매일 하나씩 사용할 것을 권고했다.

공포에 질린 국민의 분노는 마스크 대란으로 이어졌다. 국민의 분노는 마스크 하나 제대로 보급하지 못하는 정부라며 비판과 함께 더욱 강화되었다. 나라의 근간이 흔들릴 정도였다. 전쟁만큼이나 공포스러웠다. 언론은 연일 마스크 대란을 대서특필했고, 국민은 여과 없이 분노를 표출하기 시작했다.

홍콩에서는 2003년 사스(SARS·중증급성호흡기증후군) 발병 때 쓰였던 N95 마스크가 불티나게 팔렸다. 2019년 12월 7일 홍콩 사우스차이나모닝포스트(SCMP)는 현재 홍콩에서 N95 마스크가 평소의 2~3배 가격에 팔리고 있다면서 이 역시도 재고가 부족해 공급이 수요를 따라갈 수 없는 상황이라고 보도했다. 상당수 온라인 판매점과 약국에서 N95 재고가 떨어져 살 수 없는 경우도 허다하다고 전했다.

당시 정부는 대구광역시에서 번지고 있는 코로나19 확산을 방지하기에 안간힘을 쏟는 터라 마스크 보급에 신경 쓸 여력이 없었는지 모르지만, 마스크 보급 정책이 나오기까지 상당한 시간이 흘렀다.

봄철이면 우리나라를 괴롭히는 황사 때문에 KF95 마스크 생산 능력이 여느 나라보다 강력했던 것은 그나마 다행이었다. 마스크 생산량은 분배만 적절하게 이루어지면 온 국민이 걱정 없이 사용할 수 있을 충분한 양이었다.

그럼에도 일부 시민들은 마스크 사재기에 들어갔고, 마스크 가격은 천정부지로 치솟았다. 대형 마트들이나 약국들은 높은 가격으로 배급하듯이 1인 5매씩 한정하여 판매했다. 몇몇 지자체들은 웃돈 주고 구입한 마스크를 동사무소 등을 통해 무료로 배급하기도 했다.

그러나 5시간 이상씩 줄 서서 기다렸는데 마스크가 동나 더 이상 구입할 수 없는 상황이 속출되었다. 코로나19에 대한 국민의 불안과 공포는 마스크 공급이 제대로 되지 못하는 상황에 대해 정부를 비난하기에 이르렀다.

나는 주민들의 애로를 직접 듣기 위해 마스크를 1인 5매씩 판매하는 신촌 광흥창역 인근에 있는 '서서울농협 하나로마트 서강점'으로 갔다. 국민이 느끼는 분노에 대해 욕받이라도 해야 한다고 생각했다. 5시간을 시민들과 함께 줄을 서서 기다렸다. 기다리는 동안 나를 본 시민들은 나에게 분노에 찬 목소리를 냈다.

"이게 나랍니까? 공산주의 국가도 아닌데, 선진국이 되었다는 21세기 대한민국에서 배급이 뭡니까?"

"마스크 하나 제대로 분배하지 못하는 나라가 전쟁이 나면 어떻겠습니까? 안 봐도 뻔하지 않습니까?" 등이었다.

국회로 돌아온 나는 동료 국회의원들과 함께 보건복지부를 압박했다. 약국을 통한 마스크 보급 시스템을 신속히 만들 수 있었고, 마스크 대란을 잠재울 수 있었다. 정치의 답은 현장에 있다는 또 하나의 사례였다.

3. 정치적 갈등의 답은 '본질'이다.

선거철만 되면 공천을 둘러싸고 정당들은 내홍을 겪는다. 정당 공천의 본질은 자당 후보의 당선 가능성 제고, 정치 신인 발굴을 통한 혁신성 제고 그리고 진성 정당원 확보를 통한 정당조직 확대로 본다.

김대중 대통령께서는 정치적 문제를 해결하는 원칙으로 '서생의 문제의식과 상인의 현실감각'을 중시하셨다. '서생의 문제의식'은 '정치적 쟁점의 본질을 보는 눈'을 의미할 것이고, '현실감각'은 '정치세력 간의 이해득실에 대한 평형감각'을 의미할 것이다. 공천으로 겪는 당내 내홍 역시 이처럼 본질을 파악하는 눈과 현실성을 파악한다면 줄일 수 있을 것으로 본다.

공천을 둘러싼 정당의 내홍은 다양한 양상으로 나타난다. 현재 여당인 국민의힘이 겪고 있는 내홍 역시 본질은 공천권을 둘러싼 힘겨루기로 보인다. 두 명의 당대표가 사실상 '강제퇴진'을 당하고 대통령의 복심이라 불리는 검사 출신이 비대위원장으로 등장해서 당의 공천권을 거머쥐었는데, 민주 정당에서 유례를 찾기 힘든 일이다.

대의제 민주주의에서 정당정치는 희소자원에 대한 분배를 둘러싼 권력을 쟁취하기 위해 모인 정치인들로 정당을 구성하고, 국가 권력을 획득하기 위해 경쟁하는 과정이라고 할 수 있다. 선거는 바로 국가 권력을 확보하기 위해 국민적 대의를 얻는 과정이다. 그러기에 당선 가능성이 높은 자당 후보를 공천하는 것은 정당 정치에서 가장 중요한 부분이다.

가장 큰 권력을 놓고 다투는 선거는 대통령 선거지만, 국회의원 총선거 역시 어떤 정치세력이 정국의 주도권을 잡고 국가 권력을 행사하느냐를 결정하는 중요한 선거이다. 정치인 개인 차원으로 보면, 대의제 민주주의에서 국민으로부터 국정 운영에 참여할 수 있는 권력을 4년간 위임받을 수 있느냐 없느냐를 결정하는 의미를 지닌다. 그래서 당선은 정치인 개인에게는 무엇보다 중요한 문제이다.

선거에서 당락을 결정하는 요인에는 정치인 개개인의 능력도 물론 중요하지만, 유력한 정당의 공천을 받았는가가 무엇보다 중요하다. 때로는 정치인이 정당 공천을 받는 것이 유권자들에게 자신을 찍어달라고 선거운동 하는 것보다 더 중요하게 인식되기도 한다. 그래서 정치인들은 유력한 정당의 공천을 받기 위해 모든 노력을 아끼지 않는다.

한편 정당 지도자들이 자신의 미래 정치를 위해 자신에게 우호적 인사들에 대거 공천을 주어 선거에 출마시키고, 당선되기를 바라는 것 또한 당연하다. 이러한 국회의원 후보 공천을 둘러싼 세력 간의 갈등이 최고조에 이르고, 그 갈등이 지나치게 커지면 일반인들에게는 내홍으로 비추어진다.

이준석 대표는 물리적 힘으로 축출되었고, 김기현 대표는 정치적 압박으로 축출되었다. 김기현 대표는 출발부터 대통령 대리인에 불과했다. 자신의 의지대로 처리할 수 있는 일에 한계를 느꼈을 것이다. 지난 10월에 치러진 강서구청장 보궐선거에서 막후 권력자 입김에 어쩔 수 없이 공천한 후보의 패배에 대한 책임을 자신에게 묻는 것에 대해 부당함을 느꼈을 것이다. 본인이 담당한 역할도 없었는데 보궐선거 패배의 책임을 지고 사퇴하라는 당내 압박에 기분이 상했을 만도 하다. 보궐선거의 패배는 당 운영의 실패가 아니라 후보 추천의 문제였고, 후보를 무리하게 공천한 것이 문제였다고 생각했을 것이다.

언론들이 연일 보궐선거 결과의 분석 기사를 쏟아 냈으니, 그도 지난 보궐선거 패배의 본질적 책임은 윤석열 정부의 거듭된 실책이었음을 잘 알고 있었을 것이다. 당내 압력에서 벗어나기 위해서라도 외부 인사를 영입한 혁신위원회가 필요했다. 그렇게 탄생한 혁신위원회마저 문제의 본질인 막후 권력자에 대해서는 한마디도 하지 않았다. 오히려 권력자가 직접 표출하지는 않았을지 몰라도 그의 입맛에 맞춰 자신을 향해 칼춤을 추어대니 대표로서 자신의 역할에 한계를 느꼈을 것이다.

그런 상황에서 허울뿐인 대표직과 국회의원 선거 출마 중 하나를 선택하라고 하니, 그가 써낼 답안은 하나뿐이었을 것이다. 언론에 의하면 대통령이 대표의 지역구 출마를 포기하는 대신 대표직을 유지하라고 전화했다고 전해지고 있다.

여당의 경우, 막후의 대통령이라는 절대권력자가 공천에 미치는 힘을 대표가 배제하기는 매우 어렵다. 2016년도 치러진 제20대 총선거에서 당시 여당이었던 새누리당의 김무성 대표가 청와대의 입김을 막을 방법이 얼마나 궁핍했으면 대표 낙인을 들고 줄행랑을 쳤겠는가? 언제나처럼 당헌·당규에 명시된 공천 관련 제도와 현실 운용 간에는 괴리가 크다.

2016년 4월 총선을 앞두고 새누리당 김무성 대표는 후보공천심사위원회를 장악한 청와대 세력에 맞서 민주주의를 지켜내기 위해 자신이 노력했다는 것을 보여주기 위해 당시 인기리에 방영되던 '육룡이 나르샤' 드라마를 패러디한 '무성이 나르샤'와 '원유철의 도장 찾아 삼만리' 시리즈를 기획하여 광고했다. 그래도 공천 과정에 대통령이 미치는 영향을 막지는 못했다. 이것이 향후 박근혜 대통령의 탄핵까지 연결되었다는 점을 상기하면 공천권이 현직 국회의원이나 국회의원이 되고자 하는 정치인들에게 얼마나 중요한지를 알 수 있다.

이제 국민의힘은 한동훈 비대위원장이 임명한 비대위원들과 공천심사위원장, 그리고 출마 희망자들 사이에서 심각한 내홍을 겪을 것이다. 언론마저도 이미 대통령 아바타로 언급되는 인물이 비상대책위원장을 맡을 것으로 예측했다. 총선을 앞두고 들어선 비상대책위원회가 전권 행사할 것이 분명한데, 그렇게 되면 대통령실 세력들이 자신들의 의지대로 공천권을 행사하게 될 것이다.

항상 국회의원 총선거는 현직 대통령에 대한 심판 프레임이 중심 의제가 되어 왔다. 대통령의 대리인 한동훈의 당 장악으로 이번 총선에서 윤석열 정부에 대한 심판론이 더욱 중요한 중심 프레임이 될 것은 분명하다.

야당의 경우, 공천에 힘을 미칠 수 있는 정당 대표를 중심으로 뭉친 세력을 주류라 하고, 그 밖의 인사들을 비주류라고 한다. 언제나 그렇듯 당대표는 공정한 공천 경선을 언급하고 그렇게 하려고 노력하지만, 공천을 둘러싼 내홍은 공천에 대한 불안을 느끼는 비주류 세력들이 뭉쳐 대표의 공천권을 제한하고자 하는 저항으로부터 발생한다. 2016년 총선에서 민주당 역시 공천을 둘러싼 당내 내홍과 분당의 아픔을 겪었다. 당시 민주당 공천이 불안해진 호남 의원들은 집단 탈당으로 이어졌고, 결국 국민의당을 창당했다.

제도적으로는 후보공천심사위원회를 구성하여 민주적 절차에 의한 공천이 이루어지는 모양새는 갖추었지만, 여타의 정당 의사결정 구조와 마찬가지로 중앙당 지도부 영향 아래에 놓여 있는 현행 공천 제도는 계파들의 공천 독과점, 밀실 공천 등으로 의원들을 줄 세우는데 악용되기도 한다.

정당의 공천권이 국회의원 억압 수단으로 활용되면 당내 민주주의가 위협받는다. 또한 지도부 명령에 따라 일사불란하게 움직이는 거수기로 의원을 전락시킴으로써 의회정치 위기를 초래하는 요인으로 작용하기도 한다. 정당 공천 과정의 민주화가 무너지면 정당의 약화와 권리 당원의 수적 감소, 정당의 사회적 기반의 약화, 정당일체감의 약화와 부동층 증가, 선거 과정에서 언론의 영향력 강화로 이어진다.

해결 방법은 앞서 언급한 공천의 본질을 확실하게 실천하는 것이다. 첫째, 진성당원의 정치적 효능감을 제고하는 방향으로 공천제도를 완비하는 것이다.

둘째, 문제 있는 후보를 배제하고 정당의 이념과 정책에 충성심을 갖는 후보를 공천하기 위해 후보공천심사위원회의 후보 검증 기능을 강화하는 것이다.

셋째, 민주적이고 투명한 절차에 의해 정당 지도부가 지명하는 임명직과 각 시도당 지도부나 당원 투표로 선출된 '대리인'을 적절히 안배한 후보공천심사위원회를 구성하는 것이다.

넷째, 후보 선정 과정에 대한 투명성과 심사 기준의 공개 원칙을 제도화하여 선정 절차의 공정성과 정당성을 확보하는 것이다.

다섯째, 후보공천심사위원회의 경선 실시 여부 결정 권한 행사를 엄격하게 제한해야 한다. 전략공천 필요성과 단수 추천 필요성이 절박한 경우를 제외하고, 후보공천심사위원회 권한이 자의적으로 행사되거나 남용되지 않도록 제도적 장치를 완비하고 결정 과정의 투명성을 보장하는 규정을 마련해야 한다.

여섯째, 경선 투표 방식의 개선과 관련하여 경선 투표 참여율 제고와 함께 참여의 질 또한 보장되도록 수동적 참여보다는 진성당원의 적극적 참여를 유도하는 제도화가 필요하다. 즉흥적인 전화자동응답방식(ARS)은 가급적 지양하고 적극적 참여 형태인 '직접 투표'나, 최소한 영국과 같은 '우편 투표' 방식도 대안일 수 있다.

일곱째, 유권자에게 감동을 줄 수 있는 참신한 인물로 인적 쇄신이 가능하도록 전략공천 가능성도 열어두어야 한다. 선거 때가 되면 자기 사람을 심기 위해 임시방편적으로 실행되는 전략적 밀실 공천을 지양하고, 전략공천 기준에 대하여 정당 내의 논의와 합의를 통해 제도화할 필요가 있다.

그러나 정치는 현실이다. 김대중 대통령이 언급하셨듯이, 정치는 상인의 현실감각 속에서 이루어져야 한다. 공천을 둘러싼 모든 정치적 문제의 해결은 현실성이 가장 중요한 요소가 되어야 한다.

현실성과 관련해서는, 첫째로 무엇보다 당선 가능성이 중요하다. 선거는 국민의 대의를 확보하기 위한 경쟁이기에 경쟁에서 승리를 의미하는 당선 가능성이 무엇보다 중요하다.

둘째는 선거의 돌풍을 일으킬 수 있는 인적 쇄신과 새롭고 참신한 인물을 영입하는 것이다. 언론들 역시 선거철이 되면 정당들이 어떤 참신한 인물을 얼마나 영입했는지에 대해 촉각을 세운다. 언론도 의회정치 위기를 일으키는 근본 원인이 무엇이고, 어떻게 해야 정당 혁신을 통해 의회정치를 복원할 수 있는지 잘 안다. 그런데도 언론이 정당의 새로운 인물 영입에 촉각을 세우는 것은 새로운 것을 찾는 언론 속성과 맞물려 있다.

선거철에 뉴스 가치가 높은 기사거리는 '새로운'이란 단어가 붙은 인재 영입과 관련되어 있다. 특정 정당에서 새로운 인물 영입을 발표하면 언론들은 그 인물들에 대한 좋고 나쁨을 평가하는 데 열을 올린다. 그러나보니 정당들은 내부 개혁이나 정치 혁신을 꾀하기보다는 정국을 주도하고 유권자 지지를 끌어내기 위해 참신성을 갖춘 인재 영입에 열을 올린다.

새로운 인물 몇 명 영입한다고 유권자들에게 감명을 주지 못한다. 참신한 인물 몇 명이 국회에 진입했다고 해서 작금의 의회정치 위기와 대의민주주의 위기가 극복될 수 있는 것도 아니다. 의회정치 복원과 대의민주주의 위기 극복을 위한 국회 차원의 정치개혁이 계속되어야 하는 이유가 여기에 있다.

4. 가짜뉴스는 가짜가 아니다

요즘 윤석열 정부는 가짜뉴스와 전쟁을 선포한 것 같다. 방송통신위원회를 내세워 신문방송에서의 가짜뉴스를 차단하겠다고 선언하기도 했다. 그런데 이들의 주장을 뒤집어 보면 본인들에게 유리한 가짜 정보에 대해서는 아무런 언급이 없다. 그러나 정권에 불리한 '바이든… 사건 보도'나 '김건희 여사의 쇼핑 사건 보도', '양평 고속도로 노선변경 보도' 등에 대해서는 무조건 가짜뉴스의 프레임을 씌워 대응했다. 방송통신위원회는 5명의 회의체 조직이다. 그런데도 위원장과 여당 추천 위원 1명 등 2명이 회의체를 독단적 방식으로 운영하며 가짜뉴스를 언급하는 등 비상식적이고 극단적인 일 처리를 강행했다. 이 같은 일 처리 방식은 정권이 비판에 얼마나 내성이 없는지, 그리고 얼마나 정치적으로 미완성 집단인지를 보여주는 단적인 예였다.

세계적으로 가짜뉴스가 문제가 된 것은 2010년대 중반이었다. 가짜뉴스는 찌라시 생산자나 사이비 언론은 물론 특별한 의도를 지니지 않은 청소년들도 재미 삼아 만들 수 있다. 그러나 언론에 의해 유포되는 가짜뉴스가 사회에 미치는 파급력은 가공할 만하다. 뉴스는 그것과 관련된 사실의 사회적 중요성에 의해 파급력이 결정되는데, 파급력에 따라서 사회를 혼란스럽게 만들거나 특정한 개인이나 집단에 편익을 취할 수 있도록 한다.

더욱 문제가 되는 가짜뉴스의 생성 형태는 정치체계와 같은 대립구조에서 유리한 프레임을 설정하기 위한 목적에서 생성되는 '찌라시'와 같은 방식이다. 이 같은 형태의 가짜뉴스는 심리적으로 같은 편인 수용자들에 의해서 보다 잘 수용되기 때문에 극단적 대립구조에서 편 가르기에 유용하다.

양극단화되는 사회 경향과 정당과 언론의 신뢰도 하락으로 제도권 뉴스가 아닌 시민들의 대안적 정보 욕구가 강화되기 때문에 가짜뉴스가 더 자주 발생하는 경향을 보인다. 가짜뉴스는 상대편에 대한 부정적 프레임을 씌우기 위한 목적에서 만들어진다. 즉, 정치체계에서의 가짜뉴스에 의한 편향성은 자신들과 정치적 편향을 같이하는 지지자들을 포획하여 영원히 가둬두려는 의도를 가진 정치세력에 의해 만들어지는 것이다.

우리 사회는 SNS와 유튜브 등장 이후 그들의 알고리즘에 따라 자기가 믿고 싶은 정보에 선별적으로 노출되고, 자기 믿고 싶은 대로 믿는 경향 즉, 확증 편향을 보이는 경향이 강해졌다. 국민은 진보적 정치세력과 보수적 정치세력이 퍼뜨리는 확증 편향을 강화하는 메시지에만 편향적으로 노출된다.

자기 지지 세력을 포획하기 위해 정치권력은 그들에게 유리한 편향된 정보만을 유포하는 언론을 옹호하고, 불리한 정보를 보도하는 언론에 대해서는 적대적으로 대응하는 경향을 보인다.

가짜뉴스는 인터넷망을 타는 순간 폭발적 해악을 발휘할 수 있기에 망 표출 단계에서 진위를 가려야 한다. 그러나 어디에서 어떻게 쏟아질지 모르는 가짜뉴스를 효과적으로 차단한다는 것이 쉽지 않다.

SNS의 익명 채팅방은 친밀한 사람들과의 대화공간으로 착각하기 쉽다. 따라서 SNS를 통해 전달된 정보는 친밀한 사람이 제공하였다는 이유만으로 가짜뉴스라 할지라도 진실로 믿어버리는 경향이 강하다. 이것이 SNS가 가짜뉴스 확산의 한 방편으로 활용되는 배경이다. 또한 SNS를 통한 가짜뉴스의 확산은 친밀성을 전제로 이루어지기 때문에 확산 속도는 전통적 매체를 능가하는 수준에 이르렀다.

이러한 가짜뉴스는 유권자의 자유로운 선택을 위해 필요한 정보를 왜곡시킨다는 점에서 큰 문제가 아닐 수 없다. 특히 가짜뉴스는 생성과 유포 그리고 수용과정에서 SNS와 같은 사적 커뮤니케이션 속성들에 의해 더욱 강화되는 경향을 보였다.

박근혜 대통령 탄핵 정국에 가짜뉴스들이 대거 양산되어 프레임 자체를 진실의 문제에서 좌우 이념 대결의 문제로 바꾸려는 시도들이 나타났고, 미국의 대통령 선거에서는 대의제 민주주의의 근간을 흔드는 사태까지 일어났다. 박근혜 대통령 탄핵으로 인해 2017년 5월에 치러진 우리나라 대통령 선거와 관련해서도 적대적 감정이 개입된 가짜뉴스들은 다양한 형태로 나타났다.

2017년 이후 일부 종교단체와 유착된 태극기집회 참가자들을 중심으로 확산된 가짜뉴스는 개인의 명예를 훼손하는 경우를 넘어선다. 선거공영제를 파기하고, 국기를 문란케 하는 경우까지 다양화되고, 그 파괴력 역시 대단하여 민주적 헌법 질서에 위협하는 요소로 등장했다. 사회 일각에서는 가짜뉴스에 대한 규제 필요성을 역설하는 경우가 많아졌다.

문재인 정부 말기에 허위적 사실임을 인지하고도 퍼트린 가짜뉴스에 대해서는 징벌적 배상이 가능하도록 언론중재법 개정을 추진하기도 하였다. 물론 당시 야당과 언론, 그리고 시민 사회의 거센 반발로 무산되었다. 민주주의 체계에 있어서 언론의 중요성에 대한 언론과 시민 사회의 인식이 문재인 정부의 언론 개혁을 위한 주장을 언론 자유 탄압으로 간주하였기 때문이다.

민주주의가 제대로 작동하기 위해서는 언론 자유가 반드시 보장되고 진작되어야 한다. 언론 역시 공공의 이익을 위해 진실을 보도함으로써 사회적 책임을 다해야 한다. 그런데 우리나라의 언론 역사는 아름답지만은 않다. 1970년대 독재 권력에 맞선 동아일보와 조선일보의 기자 선배들이 있었는가 하면, 권력에 아부하며 자신의 배를 불리던 시절의 기자들도 있었다. 비판 언론과의 전쟁을 선포했던 이동관 방송통신위원장이 언론인 출신이라는 사실이 우리를 슬프게 하는 것도 같은 맥락이다.

5. 이념보다 경제외교가 필요하다

윤석열 대통령은 2023년 1월 국무회의에서 "대한민국 1호 영업사원으로 신발이 닳도록 뛰겠다"면서, "국무위원 한 분 한 분 모두 다 이 나라의 영업사원이라는 각오로 뛰어 주기를 부탁드린다"고 말했다. 이후에도 계속되는 해외 순방에 '대한민국 1호 영업사원' 레퍼토리는 계속되었으며, 명함도 공개하는 등 행보를 이어갔다.

대통령이 직접 나서서 세일즈 외교를 수행하고, 수출과 경제를 챙기는 모습은 매우 바람직하다. 윤 대통령은 역대 대통령 신기록이라 할 정도로 많은 나라를 방문하고, 정상 회담을 벌였으며, 투자 유치와 수출 증대를 위해 노력해왔다. 정상회담의 가장 큰 성과라고 홍보하는 양해각서(MOU)가 실질적 성과로 이어지는 것은 다른 문제이지만, 대통령의 실질적 외교 활동의 성과라면 긍정적으로 인정할 수 있다.

그런데 1호 영업사원이 뜬금없이 공식 석상에서 "이념이 제일 중요하다"라고 강조하고 나섰다. 봉오동 전투의 영웅인 홍범도 장군 흉상까지 철거하겠단다. 영업 담당자에게는 '정치와 종교'는 언급하지 않는다는 철칙이 있다. 정치와 종교라는 이념은 타협 불가능한 신념의 영역이기 때문에, 해외 비즈니스 상대에게 이런 화제를 꺼내는 것은 절대적인 금기 사항이다.

그렇게 보면 대통령의 외교 활동이 우방국에만 치우쳐있다는 느낌도 지울 수 없다. 세일즈의 진짜 성과는 신규 고객을 만드는 것인데, 1호 영업사원은 편한 손님들만 찾아다닌 듯하다.

윤 대통령의 이러한 이념 중시 발언은 과거 본인의 발언과 배치된다. 과거 윤 대통령은 "저는 보수·진보 등 이념과 지향을 따지지 않는다"라고 했고, "낡은 이념으로 국민 편 가르지 않고 경제 도약을 이루는데 모든 역량을 모으겠다"라고도 했다.

그런데 다시 실용보다 이념이 중요하다고 한다. 문제는 대통령이 말하는 이념이 정확히 뭘 의미하는지는 모호하다는 것이다. 자유민주주의와 시장경제가 이념이라면, 이를 반대하는 한국 국민은 없을 것이다. 이념은 목숨까지 바치는 신념체계이다. 자유민주주의와 시장경제라는 이념을 침해하는 외부의 적이 있다면, 모두가 맞서 싸울 것이다. 그런데 기억에서 사라졌던 공산전체주의를 '귀신 씻나락 까먹는 소리'처럼 느닷없이 비판하고 나서는 것은, 갑자기 시계를 20세기 냉전 시대로 되돌리는 듯하다.

작금의 국제 정세는 미-중 갈등이 깊어지고, 러시아-우크라이나 전쟁이 지속되는 등 긴장이 고조되고 있다. 특히 한국과 밀접한 관련이 있는 미국과 중국은 무역뿐 아니라, 기술, 안보 등 다양한 분야에서 부딪히고 있다. 이러한 상황에서 자유민주주의와 시장경제라는 이념을 강조하며, 중국에 대한 강경 정책 일변도로 나가는 게 맞는지에 대해서는 생각해 볼 필요가 있다. 북한의 위협에 대비해 한미일 안보 동맹을 강화하는 정책은 당연히 필요하다.

그러나 이렇게 선명한 외교 정책은 국제사회에서 한국의 외교적 입지를 약화할 수 있다. 특히 한국 경제와 밀접한 관련이 있는 중국과의 협력 관계가 소홀해지면 경제뿐 아니라 안보에도 부정적인 영향을 미칠 수 있다. 미국과의 동맹 관계를 강화하는 데는 성공했으나, '반도체과학법'이나 '인플레이션감축법(IRA)'상의 보조금 문제 등 한국 기업들에게는 어려운 숙제가 생겼다.

과거에는 한국 기업들의 주 활동 무대가 미국이나 유럽 등의 선진국 시장이었지만, 이제는 BRICs로 상징되는 신흥시장의 비중이 급격히 높아지고 있다. 브라질, 러시아, 인도, 중국 등의 거대 시장에서, 한국이 미국과 '깐부' 관계라는 것이 그리 도움이 되지는 않는다. 특히 중국은 한국 수출의 26.9%(2022년)를 차지하고 전체 해외 투자에서 22.7%(2022년)를 차지하는 등, 최대의 교역 상대국이다. 그런데 미국과 중국의 갈등과 같은 경제 외적인 문제로, 한국 기업들의 대중국 무역과 투자에 부정적인 영향을 미치고 있다.

중국 정부는 한국의 문화 콘텐츠를 제한하는 한한령(限韓令)으로 한국의 문화 콘텐츠에 대한 검열을 강화하는 중이다. 또한 갈등이 있을 때마다 한국 제품 불매 운동을 조장하는 등의 조치를 취하고 있다. 미국은 2022년 중국의 반도체 산업에 대한 수출 통제 등의 규제 조치를 단행했는데, 중국에서 현지 생산을 하는 삼성과 하이닉스 등에게는 심각한 위협요인이 될 수밖에 없다.

대통령과 정부의 역할은 이런 상황에서, 한국 기업이 처한 국내외적 어려움을 해결해 주는 것이어야 한다. 아무도 대통령에게 영업 성과를 기대하지 않는다. 기업들이 영업을 잘할 수 있도록 정치적, 외교적 어려움을 풀어주기를 원한다. 동맹국에게도 할 말을 해야 하고, 다른 나라들과는 경제적 협력 관계를 끌어내야 한다. 고려시대 서희 장군은 외교 협상을 통해 안보와 실리를 동시에 얻는 성과를 거두었기에, 한국의 외교관들은 서희를 롤모델로 삼고 있다. 서울 올림픽 이후 노태우 정부는 탈냉전 시대의 국제 정세 변화에 따라 '북방외교'를 통해 한국 외교의 새로운 지평을 열었다.

현재의 어려운 국제 정세에 이념 중심의 외교 정책을 펼치는 것은 시대착오적이다. 국제 사회의 현실을 정확하고 냉정하게 반영해야 하며, 국가의 실리를 잃지 않도록 하는 외교 정책이 필요해 보인다. 강경 일변도의 정책으로 인해, 오히려 한반도의 긴장을 고조시키지 않도록 해야 한다. 중국과의 관계를 개선하기 위한 노력도 필요하다.

무엇보다 중요한 것은 이러한 이념 중심의 외교 정책으로 인해 국내에서 국민 통합을 저해하거나 사회 갈등을 조장하지 않도록 해야 한다는 점이다. 자기와 다른 생각을 이념 문제라고 공격한다면, 미국의 흑역사인 매카시즘과 다를 바 없다. 대한민국 1호 영업사원이 대한민국의 영업을 망치지 말기를 바란다.

6. 그래도 의대 정원은 늘려야 한다

의대 정원 확대 이슈가 뜨겁다. 필수 의료 분야나 지방에서 의사가 부족하고, 향후 고령화 시대를 맞이해 의료 수요는 더 늘어날 테니 미리 대비하자는 것이다.

현재 한국에는 40개의 의과대학이 있다. 정원은 연간 3,057명으로 2006년 이후 17년 동안 동결해 왔다. 한국의 인구 1,000명당 의사 수는 2.6명으로, OECD 평균인 3.8명에 크게 미치지 못한다. 이런 현상에 대해 언론에서는 소아과 대란, 응급실 뺑뺑이, 지방 의료 공백 등의 자극적 기사로 의사가 부족하다는 것을 부각하고, 정부는 2027년까지 의대 정원을 4,000명 수준으로 확대하겠다는 계획을 추진하고 있다.

사실 대한민국의 의료 서비스의 질적 수준은 세계적으로도 매우 높고, 빠르고 편리한 의료 시스템을 갖추고 있다. 이는 국민건강보험제도뿐 아니라, 의사들의 헌신적인 노력이 있었기에 가능했다. 하지만 이제 지역이나 전공에 따른 의사 부족은 이러한 의료 시스템의 기반을 위협하고 있다. 의대 정원 확대를 통해 필수 의료 인력을 양성하고, 고령화에 따른 의료 수요 확대에 대응하자는 것은 타당해 보인다.

의대 정원 확대의 가장 큰 목적은 보건복지부가 2023년 10월 발표한 필수의료 혁신전략의 '언제 어디서나 공백없는 필수의료 보장'이다. 의대 정원을 확대해 의사가 '남아돌게' 만들면, 결국 필수의료를 담당하는 자리에도 의사가 채워진다는 경제학의 수요-공급의 논리다. 이에 대해 의료계에서는 의사 수를 늘려도 필수 의료의 공백을 메꾸지 못한다는 반대 논거를 제시한다.

논의의 핵심이 되는 '필수의료'는 국민의 생명과 건강에 직결된 분야로서, 적절한 조치를 취하지 아니하면 생명을 보존할 수 없거나 심신에 중대한 위해가 발생할 가능성이 있는 의료 영역을 의미한다. 주로 응급, 외과 수술, 분만 등 삶과 죽음의 문제와 직결되면서, 의료의 긴급성이 높거나 환자와 보호자의 고통과 불안이 커서 빠른 대처가 필요한 부분이다.

그런데 '필수의료'에 대한 정의가 명확하지 않고 의사, 정책당국, 국민이 생각하는 필수의료의 개념이 서로 다르기도 하다. 또한 대체로 필수의료라고 인정되는 분야는 불확실성이 높고, 어떤 의미로든 위험이 크다는 공통점이 있다. 나아가, 응급환자를 대비하기 위해 병원은 365일, 24시간 진료를 해야하므로 운영에 높은 비용이 요구된다.

그러나 이렇게 높은 비용 부담이 존재하는 필수의료의 수가는 높지 않은 편이다. 더 큰 문제는 필수의료는 생명과 직결되는 분야여서 작은 실수가 치명적 결과로 연결될 수 있다는 점이다. 따라서 의료 사고가 발생하거나 의료 소송을 당할 가능성도 높을 수밖에 없다.

필수의료가 지닌 본질적 위험성을 피하기 위해 의사들이 성형이나 피부과 등의 저위험 고수익 분야로 집중되는 것은 자연스러운 현상이다. 힘들고 위험한 분야보다 기대 소득도 높고 위험이 덜한 선택을 하는 것이 개인에게는 합리적인 선택이다.

그러다 보니 필수의료는 일부 사명감을 가진 헌신적인 의사들의 과도한 노동에 의존하는 상황이 되었다. 따라서 의사 수를 늘려 봐야 수가는 낮고 위험이 큰 필수의료의 공백을 현실적으로 메꿀 수 없다는 게 의대 정원 확대를 반대하는 대표 논거로 등장하는 이유이다. 의대 정원 확대와 무관하게, 필수의료에 대한 근본적인 수가 조정이나 배상책임의 조정은 반드시 필요하다.

이 문제는 교육 수요자의 교육받을 권리에 대한 관점과 규제에 대한 관점에서 이 사안을 볼 필요가 있다. 의학 교육의 관점에서 보면, 의대 정원 확대는 의사의 수를 늘리는 것이다. 한국에서 의대를 나오지 않고는 의사가 될 수는 없다. 그러나 의대를 나와서 의사가 되지 않겠다는 선택은 할 수 있다. 의학을 공부하고, 의과학이나 바이오, 생명공학 등의 더 다양한 분야로 진로를 선택할 수 있는 것이다.

현재 대학 입시에서 의대-치대-한의대-약대 등의 인기는 단연코 최고이다. 의대만 입학하면 향후 진로에 대한 걱정도 없고, 공부는 힘들어도 의사 면허만 따면 높은 수입이 보장된다고 생각한다. 그래서 공부를 잘하는 학생들은 적성을 고려하기보다는 성적에 맞추어 의대 진학을 목표로 하거나, 주변 사람들에 의해 의대 진학을 권유받는다.

한국의 모든 의대는 의사를 양성하기 위해 매우 전문적이고 체계적인 교육 과정을 운영하고 있고, 의대생들은 이를 통과해야만 의사가 될 수 있다. 의대에 입학했다고 의사가 되는 것이 보장되는게 아니라, 상상하지 못할 정도로 험난한 과정을 거쳐야 한다.

그러나 바이오 산업이나 의료정책 등을 위해 의학을 공부하고 싶은 학생들에게는 이것이 큰 장벽이 될 수도 있다. 의대 정원 확대와 관련하여, 성적은 좀 모자랐어도 적성이나 인생 가치에 따라 의술에 대한 사명감으로 무장된 학생들이나 의학을 기반으로 다양한 분야에 진출하려는 학생들에게 의학을 공부할 기회를 주었으면 좋겠다는 생각을 해 본다.

규제와 혁신이라는 관점에서 생각해 볼 필요도 있다. 최근 진보와 보수 정권을 막론하고 규제 개혁을 주장하지 않은 정부가 없었다. 그만큼 한국의 수많은 사업들에 대해서 면허제나 각종 인허가 등의 진입 규제 장치가 가동되고 있다. 대학 입시에서 의대 경쟁률이 가장 높은 이유도 의사에 대한 진입 규제에서 그 이유를 찾을 수 있다.

한국에서 의사가 되기 위해서는 의대를 나와 면허를 취득해야 하며, 의사만이 의료 행위를 할 수 있다. 이는 매우 당연하게 들리지만, 무엇이 의료행위인지 각론으로 들어가면 논란의 소지가 있다. 문신은 의료행위인가? 2022년 헌법재판소에서는 문신을 무면허 의료행위로 처벌하는 것에 합헌 결정을 냈다. 현재 문신 시술을 해주는 의사를 찾기는 쉽지 않다. 그런데도 의사 단체는 국민 건강을 위해 의료인만 문신을 할 수 있도록 해야 한다며, 비의료인의 문신 행위 허용에 대해 공식적으로 반대 의사를 밝혔다. 정말로 국민 건강을 위한다면, 문신 시술에 대해 대책 없이 방치할 수는 없다.

같은 맥락에서 의사 단체들은 비대면 원격 의료를 비롯한 기술혁신에 대한 수용도도 매우 낮은 편이다. 환자의 안전이 무엇보다 최우선이기에, 보수적으로 접근해야 하는 것을 무조건 나무랄 수는 없다. 그러나 강남의 성형외과에서는 새로운 시술 방식을 마케팅 포인트로 내세우는 경우가 많다. 이것을 보면, 의료산업에서도 규제와 혁신의 관계는 다르지 않다고 보인다.

의대 정원 확대 논의는 국민의 의료서비스 접근성을 높이고, 지역 간 의료 격차를 해소하기 위한 선결 과제이다. 하지만 의사 단체의 주장처럼 필수의료 및 지역의료의 의사 부족 문제를 해소하기 위해서는 의료수가 조정이나 배상 책임 완화 등 정책적 노력이 필요하다.

중요한 것은 의대 정원 확대가 단지 의사들의 문제가 아니라, 의료 수요자이자 교육 수요자인 시민들과 다양한 이해관계자에게 두루 영향을 미치는 사안이라는 점이다. 그동안 한국의 보건의료정책 결정 과정에서 의사단체들은 매우 중요한 역할을 했다. 이제는 보건의료정책에 더욱 다양한 이해관계자들의 니즈를 반영하고, 이들이 참여하는 사회적 논의를 거쳐서 정책결정이 이루어져야 될 것이다.

7. 아이 중심의 정책 패러다임

대한민국 저출산 문제의 심각성은 이제 세계적인 걱정거리가 되고 있다. 한국의 합계 출산율이 압도적인 세계 꼴찌로 떨어지면서, 흑사병 창궐로 인구가 급감했던 14세기 유럽보다도 더 빠르게 인구가 감소할 수 있다는 주장도 등장했다. 뉴욕타임스에서도 "한국은 소멸하고 있는가?(Is South Korea Disappearing?)"라는 제목의 칼럼에서 저출산 문제의 심각성을 지적하기도 했다.

저출산에 대응한다며 정부가 2006년부터 2021년까지 투입한 예산이 280조 원에 달한다. 그야말로 백약이 무효다. 저출산의 원인은 다 알고 있다. 청년층이 겪는 경쟁의 스트레스와 미래에 대한 불안이다. 낳기도 힘들지만 키우기는 더 힘들다.

정부의 주거 출산 대응 예산 중 가장 많은 비중을 차지하는 것은 주거 지원으로, 예산의 약 40%가 투입되고 있다. 주거 출산 대응 예산은 출산과 관련이 적은 다양한 분야에 쓰이고, 예산이 과다하게 사용되었다는 비판을 면하기 어렵다. 실제 필요한 저출산 대응에는 막상 예산 투입이 제대로 되지 않는 경우가 많다.

저출산 위기를 극복하기 위해서는 정책의 패러다임을 바꿔야 한다. 이제 정부 정책의 중심을 미래의 주역인 '아이들'에 맞출 것을 제안한다. 아이 중심의 정책은 아이의 권리와 복지를 최우선으로 고려하여 마련된 정책을 의미한다. 기존의 정책들은 대부분 투표권을 가진 유권자들을 우선 고려하는 실정이다. 그러다 보니 투표권이 없는 아이들, 청소년들에 대한 고려가 충분치 못한 부분이 있다. 저출산 대책도 실제 아이를 위한 정책이라기보다는 부모나 예비 부모인 청년들을 위한 정책이 중심이었다.

이제는 법률혼을 전제로 한 가정 정책에서, 혼인 여부와 상관없이 아이 중심으로 지원하는 정책으로 전환할 필요가 있다. 프랑스 등에서는 미혼 상태에서 동거 중 아이를 낳고, 필요한 경우 결혼하는 등의 문화가 흔하다. 동거는 한국에서도 이제 드문 일이 아니다. 결혼을 부담스러워하는 청년들이 많은 현실을 인정해야 한다. 그래서 아이가 생기면, 결혼 여부에 상관없이 아이를 잘 키울 수 있도록 지원하는 정책이 필요하다.

프랑스에서는 비혼(非婚)이나 동거를 통해 출산한 자녀에 대해서도 육아 휴직부터 각종 수당까지 결혼 자녀와 같은 혜택을 준다. 아이 중심의 정책을 위해서는 충분히 고려해 볼 필요가 있다. 법률상 가족이 아니더라도 아이가 있는 가정에 공공임대아파트나 신혼부부 특별공급 등의 입주 우선권을 부여하는 것이다. 생애 최초 주택공급이나 신혼부부를 위한 주택 특별공급은 결혼해서 주거가 안정되면 아이를 갖는다는 가정에서 나온 제도이지만, 이렇게 혜택을 받은 신혼부부가 아이를 가진다는 보장은 없다.

둘째, 아이의 양육과 교육 부담을 실질적으로 줄여줄 수 있는 정책이 필요하다. 그 동안 저출산 대응 예산에는 문화체육관광부의 '템플스테이', 교육부의 '소프트웨어 중심대학 지원사업'이나 '대학 인문역량 강화 사업' 등 저출산 문제와는 명백히 결이 다른 사업이 포함되었다. 각 부처에서 하는 사업을 저출산 예산에 끼워 넣었기 때문이다. 이제 저출산 대응 예산은 아이에게 직접적으로 혜택이 될 수 있도록 임신, 출산, 양육 등에 집중해야 한다.

예산 집행도 기관을 지원하는 간접 지원보다 아이와 부모에게 직접 지원하는 방식이 바람직해 보인다. 문재인 정부의 국정과제로 2018년부터 도입된 아동수당이 하나의 좋은 예다. 아동수당은 아동을 대상으로 월 10만원의 정액급여가 지급되는 보편적 수당으로, 아동의 기본권 보장과 빈곤해소, 소득재분배, 여성 무급노동의 인정, 우수 노동력 양산, 출산 장려 등의 긍정적 기능을 수행할 수 있음을 제시하였다.

2012년부터 국가에서 만 0세에서 5세 사이의 자녀가 있는 가구에 보육료나 양육수당을 지원하는 무상보육제도가 시행되었지만, 보완해야 할 부분도 많다. 유치원과 어린이집에 다니는 전 아동에 대한 완전한 무상보육 실현을 위한 '유보통합'이 대표적이다.

현재는 만 3~5세 유아교육을 담당하는 유치원은 교육부와 시도교육청이 관리하고, 만 0~5세 영유아보육을 맡아온 어린이집은 보건복지부와 지자체가 관리하고 있다. 이 때문에 행정과 학부모들 간 혼선이 자주 발생하는데, 양측의 의견 차이로 통합 관리는 쉽지 않은 실정이다. 유보통합은 행정편의 중심이 아니라, '공공 보육 시스템'을 갖춘다는 개념이며, 어린이(영유아)와 부모들을 위한 통합 관리이다. 저출산으로 경영난을 겪는 유치원과 어린이집을 국·공립화하는 등의 대책이 필요하다.

저출산 대응에 예산을 얼마나 썼는지보다는, 저출산 예산이 어디에 쓰였으며 어떤 효과를 냈는지가 중요하다. 예산의 편성과 집행, 아동수당 등의 직접 지원 제도 확립 등 아이들을 중심으로 생각해야 한다. 임신·출산·돌봄 등 정말로 관련 있는 예산을 따져보고, 예산 거품을 제거할 필요가 있다. '저출산 예산으로 몇백조 원을 쏟아붓고도' 하는 소리를 들을 바에는 아동수당을 늘리는 게 나을지 모르겠다.

셋째, 아이들을 위한 정책은 현재보다 미래를 위한 정책이다. 정치인들에게 미래 세대를 위한 정책을 펴는 것이 쉬운 일은 아니다. 그러나 현재 우리가 이렇게 선진국 국민으로 잘살고 있는 것도 과거 세대가 산업화와 민주화를 위해 희생했기 때문이라는 점을 생각하면, 당장의 인기보다는 '지속가능한 나라'를 만들기 위해 미래 세대를 위한 정책을 생각해야 한다.

이를 위해 선행되어야 할 것은 아이와 청소년들이 의사결정에 참여할 수 있도록 하는 것이다. 아이들이 본인 삶에 영향을 미치는 것들에 대해 스스로 결정하고 참여할 권리가 있다는 것을 알려주고, 참여를 보장해야 한다. 아이가 본인 삶에 대해 스스로 결정하고 참여할 수 있도록 지원해야 '아이 중심의 정책'이 될 수 있다.

"청년들의 미래를 왜 노인들이 결정하나!" 2016년 영국의 브렉시트 국민투표 당시, 10대들이 시위에 나서면서 썼던 구호이다. 젊은 층은 주로 '잔류'를, 노년층은 주로 '탈퇴'를 지지하면서 세대간의 갈등 양상이 나타났다.

한국도 예외가 아니다. 고령화가 진행되는 한국에서 청년층보다는 어르신들을 위한 정책이 우선순위가 되는 경우도 많다. 민주주의 선거제도의 1인 1표제의 특성상, 유권자 수가 많은 쪽이 유리하기 때문이다.

답은 과감히 젊은 세대들을 의사결정 과정에 포함하는 것이다. '요즘 애들은 버릇없다'는 얘기는 스페인 알타미라 동굴 벽화에도 나온다고 했다. 나를 포함해 기성세대도 한때는 '요즘 애들'이었다.

8. 빚내서 집 사지 마라

대한민국 저출산 문제의 가장 중요한 원인 중 하나는 부동산 문제이다. 부동산 가격 상승으로 주거비 부담이 증가하니, 결혼을 늦추거나 포기하게 되고, 출산 시기도 늦어질 수밖에 없다. 결혼하더라도 주거가 안정되지 못하면, 아이를 갖기가 부담스럽다. 국토연구원에서도 주택가격 상승이 출산율 하락에 미치는 영향력이 점점 커지는 것으로 분석했다.

문재인 정부에서는 부동산 정책을 최우선 과제로 삼고, 부동산 시장 안정을 위한 다양한 정책을 추진했지만, 성공하지 못했다. 박근혜 정부 시절의 부동산 경기 부양책의 여파, 저금리 기조와 양적 완화에 따른 유동성 증가로 인한 세계적인 자산 가격 급등 등 외부 환경의 영향도 크게 작용했다.

문재인 정부의 부동산 정책은 주로 투기 수요를 억제하는 데 집중했다. 그러나 정책으로 이를 통제하기란 쉽지 않았다. 그러다 보니 잦은 정책 변경과 이로 인한 정책의 신뢰성이 떨어졌고, 시장의 혼란을 가중시켰다. 또한 정책의 실효성이 부족했다. 대출 규제를 강화하는 정책은 오히려 부자들에게 기회로 작용했다. 대출 규제 정책은 오히려 실수요자들의 불만을 야기하며 주택 거래량을 감소시키는 효과는 있었지만, 주택가격 상승을 막기에는 역부족이었다.

노무현, 문재인 정부 시절 부동산정책을 주도했던 김수현 전 청와대 정책실장은 정부 정책으로 시장을 통제하려 한 것이 가장 큰 잘못이었다고 회고했다. 부동산 정책뿐 아니라 경제 정책 전반에 걸쳐서 빼저리게 통찰해야 할 부분이라 생각한다. 대통령이 '집값 잡을 자신 있다'거나, 장관들이 '지금 안 팔면 후회한다'고 장담한 것은 큰 후유증을 남겼다. 민심을 달래기 위해서였는지, 시장과의 심리전 차원에서 구두 개입을 했는지 모르겠다. 그렇지만 대출규제 강화와 보유세 인상으로 시장을 통제하기는 쉽지 않았고, 부작용이 우려될 수밖에 없었다.

그렇다면 전 정부 탓하기가 특기인 윤석열정부의 부동산 정책은 괜찮을까? 일단 부동산 시장을 둘러싼 외부 환경은 완전히 달라졌다. 코로나로 인한 양적 완화가 끝나고, 금리 인상기에 접어들었다. 돈의 힘으로 밀어 올렸던 자산가격이 빠질 수밖에 없는 상황이다. 기준금리 인상과 세계적인 경기침체 우려에 부동산 가격도 하락세에 접어들었다. 한국도 금리 인상과 주택가격 추가하락 우려로 매수심리나 거래량이 급감했다.

윤석열 정부의 원희룡 국토교통부 장관은 "현재 (집값이) 너무 높기 때문에 상당 기간 하향 안정세가 유지될 필요가 있다"라며 "경착륙으로 인한 부작용에 대해서만 관리해야 된다고 본다"라고 밝혔다. (2022년 10월 국회 국정감사)

부동산 시장의 경착륙을 방지하는 대책은 타당하다. 부동산 시장은 건설업체, 대출 금융기관 등 다양한 분야에 연관이 있기에 부동산 시장의 경착륙은 큰 혼란을 야기할 수 있다. 그러나 '둔촌주공 일병 구하기'로 상징되는 윤석열 정부의 부동산 정책은 철저하게 부자들을 위한 정책이 아닌지 의심된다.

2023년 1월 3일 정부는 규제지역 추가 해제와 분양가상한제 대폭 축소, 분양가에 관계 없이 모든 주택에 중도금 대출과 특별공급을 허용하기로 하는 규제 해제안을 내놓았다. 시장에서는 문재인 정부 시절 걸어놓은 빗장을 무장 해제하는 파격적인 조치라는 평가와 함께, '둔촌주공 일병 구하기'라고도 했다. 둔촌주공에서 미분양이 날 경우 주택 청약 시장이 엄청난 타격을 입기 때문에, 정부에서 침체의 늪에 빠진 청약시장에 인공호흡기를 달았다는 것이다.

그러나 이번 조치들이 단지 부동산 시장 연착륙을 위한 조치인지, 다시 부동산 투기 수요를 유발하는 소위 '빚내서 집사라' 시즌2인지 의심된다.

박근혜 정부는 2014년부터 부동산 규제 완화를 통해 경기를 부양하려는 소위 '빚내서 집사라' 정책을 펼쳤다. 이 결과, 주택담보대출을 중심으로 가계부채가 급증하기 시작했고, 지금은 가계부채 비율이 위험 수위에 달해 있다. 박근혜 정부 때도 '빚내서 집사라' 정책의 문제가 강하게 지적되었다. "빚내서 집 샀을 때 집값이 유지되지 않으면, 하우스푸어 문제를 더 키우게 되고, 가계부채가 급증하면서 생긴 부담을 금융기관이 지게 되면 금융기관의 대외신용도가 떨어진다. 그러면 우리 경제가 위험해진다"라고 지적했던 것이다.

윤석열 정부는 "빚내서 집사라"고 대놓고 말하지는 않는다. 그렇지만 대출 규제 완화 등 사실상의 '돌려막기'를 허용하고 있다. 부동산 시장의 경착륙을 막기 위한 정책을 쓴다는데, 문제는 현실적으로 집을 살 능력이 있는 무주택자들이 별로 없는 것이다. 결국 윤석열 정부의 부동산 대책은 세제 혜택과 대출 규제 완화를 통해 부동산 시장의 버블을 떠받치겠다는 것이며, 이 정책의 혜택은 다주택자와 부자들에게 돌아간다. 이미 다주택자에 대한 종합부동산세(종부세) 중과를 무력화시켰으며, 다주택자에 대한 취득세 및 양도세 형해화 등 취득·보유·양도의 전 과정에 걸친 세금 감면을 천명했다.

인구 감소의 시대에다가 경기침체와 고금리의 지속, 사상 최고 수준의 가계부채 등 주택 시장을 둘러싼 거시 경제 요인들은 시장의 상승이 쉽지 않다는 신호를 보낸다. 특히 과다한 가계부채는 경제 활동을 위축시키며, 금융시장 전반의 불안정으로 이어질 수 있기에, 최근 디레버리징(deleveraging, 부채 축소)이 화두로 떠오르고 있다.

정부가 강조하는 부동산 시장의 연착륙 의미가 버블을 유지하자는 것인지, 하향 안정화를 원하는 것인지 불분명하지만, 현재의 부동산 가격도 여전히 높은 수준이다. 정부는 대출을 통해 부동산 시장을 띄우려는 유혹에서 탈피해야 하며, PF(프로젝트 파이낸싱) 부실이나 부동산 가격이 급락해 금융위기로 번지는 것은 막아야 한다.

금융권에서 부동산 담보 대출을 보는 기준이 대략 70% 선이다. 30% 이상의 하락은 금융에 문제가 생길 수 있다는 것이다. 자산 시장의 연착륙이나 부채 축소가 경제위기를 동반하지 않고 자연스럽게 이루어지는 경우는 거의 없다. 가계부채와 부동산 PF 부실 문제를 안고 있는 상황에서 부동산 정책은 매우 조심스러운 문제다. 투자는 본인 책임이지만, 현 상황에서 빚내서 집사는 것은 권할 투자가 아니다.

정부의 바람직한 역할은 서민들, 특히 아이를 가질 젊은 세대들의 주거 안정 대책이다. 빚내서 집사라는 정책보다 공공임대주택 등 주택 공급의 확대와 거주에 대한 다양한 선택지를 제공하고, 주택가격을 하향 안정시키는 정책이 우선되어야 한다.

9. 수도권 규제의 딜레마 : 국토균형발전과 국제경쟁력을 같이 잡을 수 있을까

지방에는 먹이가 없고, 서울에는 둥지가 없다. 저출산 문제의 심각성은 이제 누구나 인식하고 있다. 특히 지방으로 가면 저출산 고령화를 체감하는 정도가 훨씬 심각하다. 지방의 인구 감소는 훨씬 가속화되고 있으며, 지방소멸이라는 단어가 낯설지 않다. 지방소멸로 인해 지방경제와 사회기반이 붕괴되면, 저출산이 더욱 심화하는 악순환이 발생할 수밖에 없다. 따라서 지역경제 활성화와 국토의 균형 발전은 대한민국의 미래를 위해 매우 중요한 문제이다.

1960~70년대 경제성장 초기에 인구와 경제 활동이 과도하게 수도권에 집중되면서, 1980년대 이래 역대 모든 정부는 수도권 집중 억제와 국토의 균형 발전을 위한 정책을 펼쳐 왔다.

윤석열 대통령도 당선인 시절에 "균형발전을 해서 수도권으로 몰려 경쟁하는 구조가 바뀌지 않으면, 저출산 문제는 풀릴 수가 없다는 것이 전문가의 견해"라면서 한국의 심각한 인구 문제를 풀 해법으로 지역균형발전의 중요성을 언급했다.

이러한 기조를 반영하듯, 윤석열 정부는 '대한민국 어디서나 살기 좋은 지방시대'를 국정목표로 제시하며, 균형발전에 대한 의지를 강조했다.

문제는 윤석열 정부의 핵심 국토(부동산)정책들이 수도권 집중화를 강화하며 균형발전과 거리가 먼 부정적인 효과를 불러올 가능성이 높다는 점이다. 수도권과 지방이 함께 성장하는 근본적 대책이 없기 때문이다.

수도권 규제 정책을 놓고, 지방에서는 균형발전을 위해 수도권 규제완화에 절대 반대하고, 수도권에서는 국제경쟁력 강화를 위해 수도권 규제완화가 필수적이라고 주장한다. 국토균형발전과 지역(수도권) 국제경쟁력 모두 놓칠 수 없으니, 정책적 해법이 아니라 정치적 논리로 국가와 산업의 중대한 의사결정을 해야 하는 문제가 생기고 만다. 이 딜레마를 어떻게 해결할 것인가?

변양균 전 장관은 그의 책 〈경제철학의 전환〉에서, 수도권 규제완화에 대한 이익을 지방과 공유하는 방법으로 풀어보자고 제안했다. 일리가 있는 주장이다. 수도권 규제 완화로 인한 기업 유치와 세수 증대의 이익이 모두 수도권 지방자치단체에 귀속되는 구조에서, 비수도권 지역에서는 수도권 규제 완화에 찬성할 리가 만무하다. 그렇다고 수도권 규제로 기업 투자가 막히면, 지방으로 갈 것이라는 것도 순진한 발상이다.

차라리 수도권 규제를 완화해 기업 투자를 유치하고, 비수도권 지역에 세수 수익을 증대시키는 것이 현실적이다. 국토균형발전도 수도권에 인구와 경제력이 집중되어 있으며, 기업과 사람들이 지방으로 잘 가려 하지 않는다는 현실을 인정하고 정책을 전개할 필요가 있다.

이제는 국토균형발전과 수도권 규제에 대한 수도권과 비수도권의 정치적 대립을 지양하고, 수도권 규제완화에 따르는 이익을 어떻게 공유하고 두 지역을 함께 발전시킬지에 대한 논의를 시작해야 한다.

수도권 규제 완화는 주택 공급과 산업시설 설립이 가능하도록 토지 이용 규제를 완화하는 데서 시작한다. 반도체 클러스터나 노무현 정부 시절 허가했던 파주의 LG디스플레이 등의 예외적인 사안들을 제외하면, 수도권에 대규모 투자를 하기가 쉽지 않다. 그린벨트 지역이나 군사보호지역 등 토지에 대한 각종 규제를 완화해 토지 공급이 이루어지도록 해야 한다. 수도권은 토지를 제외하면, 노동이나 자본, 기술 등 다른 생산요소들은 세계적인 경쟁력을 갖추고 있다. 토지 공급만 잘 이루어진다면 지역 경쟁력은 매우 높다고 할 수 있다. 다만, 개발 이익의 사유화를 방지하는 장치는 반드시 필요하다. 토지는 국가가 소유하고 사용권만 주는 방식 등을 고려할 수 있겠다.

지방의 발전을 위해서는 획기적인 정책이 필요하다. 지금도 열악한 지방 재정에 대한 지원을 위해서, 지방교부세와 지방재정교부금, 지방소득세, 고향사랑기부제 등 다양한 제도가 운영되고 있지만, 이 정도로는 턱없이 부족하다. 수도권에서 거두는 세수를 지방으로 이전할 수 있는 장치가 필요하다. 수도권의 지자체에서 거두는 지방세의 일정 부분을 기금으로 적립해 지방 발전에 쓴다든지, 지방 기업들에게 획기적인 세제 혜택을 주는 등의 정책을 생각해 볼 수 있다.

수도권과 비수도권은 서로 제로-섬 관계가 아니다. 균형발전이라는 명분으로 수도권을 규제하기보다는, 현실을 인정해 수도권의 도시경쟁력을 살리고, 지방에 재정을 확보하도록 하는 정책이 필요하다. 지방도 수도권의 규제에 따른 반사효과를 노리기보다 확보된 재원을 잘 활용해 창의적 성공 모델을 만들어 보았으면 한다. 이렇게 해서 지방에 먹이가 많아지면, 서울에도 둥지가 생길 기회가 늘어날 것이고, 그러면 당연히 알을 낳을 가능성도 높아질 것이다.

10. 언론이 언론다워야 한국의 정치가 산다.

민주주의 정치가 제대로 작동되기 위해서는 국민 개개인이 올바른 정보에 근거하여 자기 결정을 내리고, 그렇게 내려진 결정에 토대를 두고 정치적 참여가 가능해야 한다. 그래야 올바른 지도자가 선출되고, 올바른 정책이 입안될 수 있어 민주주의가 올바르게 작동한다. 이것이 민주주의를 위한 언론의 기능이다.

알렉산더 마이클존은 '언론 자유'의 필요성을 언론의 민주주의 기능에서 찾았다. 대의제 민주주의는 국민 선출로 구성된다. 어떤 사상(事象)에 대한 한 사람의 결정은 오류가 클 수 있지만, 국민 전체가 내리는 결정은 오류의 가능성이 그만큼 낮아진다는 기본 가설에서 현대 대의제 민주주의는 출발한다.

마이클존은 국민의 정치적 결정이 선(善)이 되기 위해서는 진실에 근거하여 개인이 자신의 의사를 결정할 수 있어야 하며, 만약 언론이 제공하는 왜곡된 정보나 권력에 의한 직접적 왜곡에 따라 의사결정이 이뤄질 때는 왜곡된 민주주의 형태가 나타날 것이라고 보았다.

마이클존이 언론의 민주주의 기능에 역점을 두고 언론 자유를 주장한 배경은 간단하다. 권력에 의한 억압이 없는 상태 즉, 언론 자유가 주어진다면 경쟁 메커니즘에 의해 자율 교정의 원리가 작동하여 진실만이 남고 거짓은 사라질 것이라는 밀턴의 언론사상이 자리 잡고 있다.

미디어 환경이 제도권 미디어 중심으로부터 개인화된 1인 미디어 중심으로 전환되고 있는 현대 사회에 밀턴의 언론사상을 적용하는 것에 한계는 없을까 고민하지 않으면 안 되는 여러 사례가 나타나고 있다. 사회관계망서비스(SNS)가 보편화됨으로써 개인화된 사적 영역에서의 뉴스 생산이 가능하게 되었을 뿐만 아니라, 과도하게 급증하는 현상을 보이고 있다.

미국 독립의 선구자이자 미국 독립선언서의 기초자로 알려진 토머스 제퍼슨이나 메디슨 등은 언론 자유를 거의 무한정한 자유로 인식하였다. 그러나 언론 자유가 다른 기본권과 충돌할 때, 언론 자유 역시 제한될 수밖에 없는, 즉 법이 허용하는 범위까지만 인정되는 기속적, 기여적 자유이다. 그렇다 할지라도 민주주의가 유지·발전되기 위해서는 언론 자유가 전제조건임을 부인할 수는 없다. 이것이 가짜뉴스 규제를 둘러싼 딜레마를 형성하게 된다.

가짜뉴스는 규제되어야 한다지만, 사적 영역에서 주로 이루어지는 가짜뉴스에 대한 규제는 사적 의사소통에서조차 자기 검증을 강요하는 결과를 초래할 것이다. 우리나라에서는 개념조차도 제대로 정의되지 못한 초기 시민 민주주의 사회이다. 이러한 가짜뉴스 규제는 종국에 언론 자유를 위축시키는 요인이 될 것이고, 시민 민주주의의 발전을 저해하는 장애 요소가 될 것이다. 그렇다고 가짜뉴스를 규제하지 않는다면, 사적 언론이 제도 언론을 압도해 언론 자유의 자율 조정 기능을 약화하는 역기능을 수행하게 될 것이다.

그렇다면 언론에 의한 가짜뉴스를 어떻게 정의 내리고, 가짜뉴스로 판명된 경우에 어떠한 규제를 가하는 것이 합당할 것인가. 언론사 기자로서 20여 년을 지내온 나로서는 언론 자유의 가치가 민주주의 사회에서 그 무엇과도 바꿀 수 없는 최고의 가치라고 믿는다. '국가 없는 언론은 있어도 언론 없는 국가는 없다'는 제퍼슨의 언급을 금과옥조처럼 믿고 있다.

미국은 기자가 허위 사실임을 알고도 그것을 보도하는 경우까지 언론 자유를 보호하지 않는다. 1960년 뉴욕 타임지와 셀리반 사건에서 미국 대법원은 현실적 악의 이론을 헌법적 해석 논리로 삼아 언론 자유에 대해 판결했다. 현실적 악의 이론은 다른 사람의 명예를 훼손하고자 하는 고의를 가지고 가짜뉴스를 생산하는 경우를 제외하고는 언론 자유를 제약하는 판결을 해서는 안 된다는 의미이다.

현실적 악의 이론은 국가의 급여를 받는 공직자라면 그가 언론의 현실적 악의를 증명해야 한다는 논리이다. 가해자가 피해자 명예를 훼손하고자 하는 의도를 가지고 보도했는지를 피해자가 증명한다는 것은 사실 불가능한 일이다. 그래서 공직자인 피해자가 이를 증명하는 방법은 기자가 보도하는 시점에 보도되는 사실이 허위임을 알고 있었느냐를 증명해야 한다. 일반인들에게는 그 조차도 증명하기가 쉽지 않기에 현실적 악의 이론을 적용하지는 않는다. 그러나 공직자에 대해서는 언론이 자유롭게 비판할 수 있는 자유를 최대한 보장하되 현실적 악의 이론에 근거하여 판결하도록 한다.

대신 현실적 악의가 증명되면 보도한 기자나 언론사는 징벌적 배상 책임을 져야 한다. 미국에서 언론사의 가짜뉴스에 의한 명예훼손에 대한 징벌적 배상은 문재인 정부가 추진했던 5배 정도가 아니라 신문사가 다시는 신문을 발행할 수 없도록 문을 닫아야 할 정도의 무거운 배상 책임을 지운다.

하지만 윤석열 정권에서는 언론의 책임성보다 '언론길들이기' 문제가 훨씬 심각해 보인다.

윤석열 대통령은 2022년 9월 21일 미국 바이든 대통령이 주최한 '글로벌 펀드 제7차 재정공약회'에 초대되어 연설한 뒤, 미국 조 바이든 대통령 행사장에 찾아가 각국 정상들과 단체 사진을 찍으며 바이든 대통령과 48초가량 대화를 나눴다. 이후 박진 외교부 장관과 함께 행사장을 나서며 "국회에서 이 XX들이 승인 안 해주면 바이든 XXXX 어떡하나?"라고 말하는 모습이 언론사 카메라에 포착되었다.

MBC를 필두로 다수의 언론이 그것을 보도했다. 대통령실은 '바이든이 아니라 날리면'이라고 말했다고 주장했다. '날리면'이라고 말했더라도 미국 의회를 욕보인 것이었고, 바이든을 욕보인 것임은 숨길 수는 없는 사실이었다.

이번 사태는 권력 의지에 의한 언론 탄압이 자행되면 언론 자유는 얼마나 무력해지고 나약한지를 여실히 보여주고 있다. 언론들은 재갈을 문 것처럼 윤석열 정부의 눈치를 보는 것 같다.

이렇게 윤석열 정부가 언론을 탄압할 수 있는 것은 국민 여론이 모든 이슈에 대해 극단적으로 진보진영과 보수진영으로 갈리기 때문이다. 무슨 말을 해도 이미 진영논리에 따라 극단적으로 분리된 국민은 자신들의 정치적 편향성에 따라 자기 편에 유리한 메시지는 받아들이고 자기 편이 아닌 경우에는 동일한 메시지에 대해서도 왜곡하여 의미를 부여하는 등 해석에 있어서도 극단적 편향성을 보이고 있다. 한 나라의 민주주의 수준은 그 나라 국민의 수준에 머무를 수밖에 없는 이유이다.

그런데도 윤석열 정부는 사실관계를 규명하는 건 제쳐 두고, 대통령의 책임과는 전혀 관련이 없는 MBC에 대해 탄압과 굴복 요구로 일관했다. 나아가 방송통신위원회에 언론탄압전문가를 앉혀서 방송을 장악하려고 시도했다. 국민의 반대로 무릎 꿇기는 했지만 이동관 방송통신위원장은 한국기자협회 조사 결과 현직기자 80%가 이명박정부에서 언론탄압에 앞장섰던 인물이라는 이유로 거부한 대표적 반 언론인사였다.

민주주의 사회에서 제4의 권부로서의 첫 번째 책무는 권력에 대한 비판이다. 이것은 미국 독립의 선각자들이 언론 자유를 주창한 배경이다. 1791년 미국수정헌법 제1조를 제정할 당시 메사추세츠주 대표였던 메이슨 등은 "정치인들은 본디 사악하기 때문에 믿을만한 존재들이 아니다. 만약 행정부와 사법부 그리고 입법부가 서로 담합하여 권력을 한데 모아 독재하려 하면 국민을 대신해서 이를 견제할 제4의 권부로 언론이 필요하기 때문에 언론 자유를 보장해야 한다."라고 주장했다. 당시 많은 미국 독립의 선각자들은 '언론 자유를 공기와 같이 당연한 것인데, 이를 헌법 조문에 명문규정으로 규정해야 할 필요가 있겠느냐'고 주장했다. 그렇지만 메이슨 등은 '그러니까 우리가 가장 중요하게 생각한다는 것을 보여주기 위해 수정헌법 제1조에 규정해야 한다'고 주장했다. 그만큼 민주주의에서 언론 자유는 중요하다고 생각했던 것이다.

언론이 바로 설 때 민주주의는 그 위력을 발휘하여 국가의 발전을 가져온다. 이것은 언론 자유를 신봉하는 나의 믿음이다.

11. 엑스포 유치로 경제가 해결된다고?

2030년 세계박람회(엑스포)의 부산 유치 시도가 무산되면서 온 국민이 크게 실망했다. 엑스포 유치를 통해 침체된 지역 경제를 살린다는 기대를 한껏 높였던 부산 시민들을 비롯하여 윤석열정부의 희망 고문에 전 국민이 기만당했다.

윤석열 대통령은 부산 엑스포 유치 실패에 대해서 이례적으로, "모든 것은 전부 저의 부족"이라고 면피성 사과를 했다.

2018년 평창 동계올림픽도 두 번의 유치 실패 후 삼수 끝에 유치에 성공했다. 2010년과 2014년 동계올림픽 유치가 무산되었을 때, 아무도 대통령 사과가 필요하다고 생각하지 않았다. 엑스포 유치 실패에 대한 대통령의 사과가 진정성 있으려면 경제 실정을 덮기 위한 보여주기식 유치전, 잘못된 판단과 정보의 제공 등 총체적 무능에 대한 사과였어야 했다. 유치 과정도, 마무리도 모두 낙제점이다.

부산 엑스포 유치 과정을 보면, 1988년 서울 올림픽을 유치하고 준비하던 1980년대가 묘하게 연상된다. 1981년 바덴바덴의 IOC 총회에서 대한민국 서울은 1988년 올림픽의 개최지로 선정되었다. 올림픽 유치에 훨씬 앞서가던 일본 나고야를 52 대 27이라는 놀라운 득표 차이로 대역전승을 거둔 쾌거였다.

당시 승리의 원인으로 꼽혔던 전 국민의 지지와 기업인들의 적극적인 참여 및 민관 합동 노력은 이번 2030년 부산 엑스포 유치전과 똑같다. 당시 정주영 현대그룹 회장 등의 재벌 총수들은 만사를 제치고 서울 올림픽 유치에 공을 들였다. 이후 올림픽을 유치하는 국민이라는 자부심을 갖고, 선진국으로 도약하는 나라를 꿈꾸며 노력했다. 1988년 서울 올림픽을 앞둔 1980년대는 저금리, 저유가, 저달러의 3저 호황을 맞아, 한국의 경제성장률이 10%를 넘는 고도성장을 달성했던 시기이기도 했다. (1986년 11.2%, 1987년 12.5%, 1988년 11.9%)

그러나 당시 정권의 정당성이 없는 5공 정권은 각종 정치적인 잘못에 대해 올림픽을 핑계로 넘어가려 했다. 국가 대사인 올림픽을 앞두고 있으니, 개헌 논의를 지양하고 헌법을 유지하자는 1987년의 4.13 호헌 조치가 대표적이다. 2030년 부산 엑스포 유치에 그렇게 적극적으로 나섰던 윤석열 정부는 80년대 서울 올림픽 시절을 그리고 있었던 것이 아닐까.

제대로 따져봐야 할 것은 엑스포 유치 과정에서 불거진 정부 차원의 난맥상이다. 이번 엑스포 유치전에는 전체 182개 회원국 중 165개 회원국이 투표에 참여했다. 사우디아라비아의 리야드가 119표를 얻어 1위를 차지했으며, 대한민국 부산이 29표, 이탈리아 로마가 17표 순이었다. 정부는 1차 투표에서 표 차이를 최대한 줄인 뒤, 2차 투표에서 역전을 노리겠다던 전략이었지만 결과는 참담했다. 우리만 예상하지 못했던 득표 결과가 나왔기 때문에 희망 고문을 했던 대통령은 사과까지 할 수밖에 없었다.

외신은 엑스포 유치 전부터 이미 판세가 기울어진 것으로 보도했다. 이탈리아 로마는 사실상 정부 차원의 유치전을 포기하기까지 했다. 그런데 한국 정부는 도대체 무슨 근거로 엄청난 희망을 품었을까? 불리한 판세에 한국 대통령과 총리까지 총동원돼서 엑스포 유치전에 직접 나선 것은 잘못된 보고 때문일까, 근거 없는 자신감이었을까?

이번 엑스포 유치의 실패를 정부 차원에서 반성하는 계기가 되어야 한다. 첫째, 사우디의 리야드에 비해 준비가 늦었다. 부산은 2030 엑스포 유치가 국가사업으로 확정된 이후, 2022년 1월 유치위원회를 출범하여 유치전에 본격적으로 뛰어들었다. 2020년부터 유치 준비를 시작한 사우디에 비해 매우 늦은 편이었다.

둘째, 구체적이고 차별화된 유치 전략이 부재했다. 이는 부산 엑스포 홍보 영상에서 단적으로 나타났다. 부산만의 차별화된 메시지를 전달하지도 못하고, 엑스포에 대한 구체적인 사업 계획과 비전을 제시하지도 못한 채, 한류 스타들이 등장해 지지를 호소하는데 그쳤다. 부산 엑스포의 취지에 걸맞지도 않고, 오래된 주제곡에 완성도도 떨어졌다. 왜 부산에서 엑스포를 해야 하는지 세계인들에게 납득시키지 못했다.

셋째, 외부 환경도 불리했다. 5년마다 세계를 순환하며 열리는 엑스포인데, 25년도 개최지는 일본 오사카였다. 중국도 엑스포 개최를 노리는 상황이었다. 연이어 동아시아에서 엑스포가 개최하는 것은 쉽지 않은 일이다.

이준석 전 국민의힘 당대표는 이러한 불리한 환경에서 엑스포 유치에 적극적으로 나선 대통령을 '돈키호테'와 '벌거벗은 임금님'에 비유했다. '돈키호테'의 무모한 용기와 '벌거벗은 임금님'에게 직언하지 못하는 신하들이 만든 결과라는 것이다. '돈키호테'는 개인적 성향일지 모르지만, '벌거벗은 임금님'은 정부에서 결코 있어서는 안 될 시스템의 문제이다.

보고받는 이가 흡족해하지 않을만한 부정적인 보고에 대해 화를 내고 수용하지 않는다면, 보고자들은 직언보다는 윗사람 입맛에 맞는 장미빛 희망 보고서만을 올릴 수밖에 없다. 이런 상황이 이번 엑스포 유치전을 통해 만천하에 드러난 것이다. 대통령이나 총리는 이런 낙관적인 보고에 근거해, 곧 드러날 허황된 유치 가능성을 발표했다가 국제적 망신을 당하고 사과하게 된 것이다.

결국 한국을 제외하고는 모두가 예상하는 결과가 나왔다. 여기에 더해 사우디 오일머니 때문이라는 식의 외교적 결례까지 저질렀다. 당장 시급한 민생경제를 외면하고, 엑스포 유치를 핑계로 해외 순방만 다니고, 기업 활동에 바쁜 기업인들을 병풍처럼 동원하는 구태는 이제 그만해야 한다. 듣고 싶은 것만 들으려는 국가지도자도 문제이고, 현실을 있는 그대로 보고하지 못하는 참모나 관료들의 문제도 심각하다.

부산은 2035년 엑스포 유치에 재도전하기로 했다. 재도전을 위해서는 이러한 근본적 문제점을 개선하고, 보다 구체적이고 차별화된 유치 전략을 마련해야 할 것이다. 엑스포와 같은 대규모 국제행사 유치는 지역균형발전과 국가 이미지 제고 및 경제 활성화에 기여할 수 있다. 엑스포 유치에 수천억 원을 쓰고도 국제적 망신만 당한 이번 유치 실패가 두 번 다시 되풀이되어서는 안 될 것이다. 그러려면 비용 대비 효과를 높일 수 있는 구체적인 전략이 필요하다. 단지 엑스포 유치만을 치적이라고 생각는 것에 그치는 것이 아니라, 유치에 따른 효과를 잘 거둘 기회가 되었으면 한다.

12. 정치의 최고 가치는 '공정사회 실현'에 있다.

내가 바라는 평등은 약자에게 더 많은 혜택이 주어지는 차등적 평등이다. 사람들은 평등이 무엇이냐고 물으면 "능력에 의한 평등이 올바른 평등"이라고 답한다. 우리가 학교에서 그렇게 배웠기 때문이다. 이것이 문재인 정부를 맹비난했던 사람들이 주장한 메리토크래시(Meritocracy-능력주의)다.

능력에 의한 평등이 과연 더불어 살아야 하는 인간사회를 이롭게 하는 것인가? 나는 그것이 꼭 그렇다고 생각하지 않는다. 물론 능력에 의해 정당한 대가가 주어지는 메리토크래시 사회를 지향하는 것은 당연하다.

불평등에 놓여 있는 사람에 대해 '능력에 의한 평등'을 주장하는 것은 그 사람에게 우리 사회에서 함께 살아서는 안 된다는 강조이다. 우리는 부모로부터 제각각 다른 능력을 부여받고 태어나고, 태어나면서부터 흙수저 금수저가 구분되어 태어난다. 그러한 불평등을 무시하고 능력에 의한 평등만을 중요시하는 사회는 약육강식이 지배하는 동물의 세계에 지나지 않는다.

기자로 활동하면서 가장 화났던 것은 '강자에 의한 약자 지배'로 표현되는 사회적 불평등이었다. 이것을 근본적으로 해결할 수는 없어도, 큰 주춧돌 하나는 놓을 수 있다는 꿈을 안고 정치를 시작했다.

일자리를 찾지 못해 실망하는 젊은이들을 생각하며 새하얀 밤을 새웠고, 일하는 일터에서 젊은이가 애꿎게 죽었다는 소식을 듣고 화가 나서 잠을 이루지 못한 날도 허다했다. 국내 최고를 자랑하는 대형유통기업이 무노조 경영원칙을 고수하기 위해 자행한 미행, 감시, 도청, 사찰, 블랙리스트, 공작과 떡값 제공 등 온갖 부당노동행위에 맞서 1만 2천명의 비정규직 노동자들을 한꺼번에 정규직으로 전환하는 일도 해냈다.

누가 나에게 "당신은 무엇을 위해 정치를 하느냐"라고 물으면, 나는 한순간도 머뭇거리지 않고 "힘없는 사람들에게 힘이 되어주기 위해서"라고 답할 것이다. 그것은 힘없다는 이유만으로 약자가 짓밟히지 않는 사회를 만드는 것이요, 분배에서 약자가 불공정함을 당하지 않는 사회를 만드는 것이었다.

그러나 우리 정치는 어떠한 모습을 보여왔는가? 우리나라 정치를 비판하는 담론을 한 단어로 표현하면 승자독식 정치체계이다. 정치의 승자독식은 약육강식으로 규정 지워지는 동물적 본성이 정치체계에 체화된 결과이다. 물론 인간도 동물인지라 힘이 있으면 약자를 지배하고 싶어 하고, 마음대로 상대를 통제하고 싶은 동물적 본성을 배제하기 힘들다. 우리 정치에서 승자독식을 넘어서 승자에 의한 폭주가 서슴지 않고 행해지는 것을 보는 것은 국민으로서 그리고 정치인의 한사람으로서 슬픈 일이다.

힘의 지배는 김대중 대통령께서 즐겨 보았다는 KBS 방송의 『동물의 왕국』에서나 볼 수 있는 야만적 형태이다. 김대중 대통령께서는 『동물의 왕국』을 보시면서 결코 동물의 세계에서나 있을 수 있는 힘에 의한 정치는 해서는 안 된다고 다짐하고 또 다짐하셨다고 한다.

지금도 우리 사회 곳곳에는 공정을 무시한 권력에 의한 지배가 난무하고 있다. 산업현장에서 하청업체의 비정규직 노동자들이 산업재해를 당하는 비율이 높은 것도 동물 세계의 힘의 지배가 난무한 결과이다. '나만 법적 책임을 면할 수 있으면 되지'라는 안일한 사고가 바로 힘의 지배가 아니고 무엇이겠는가?

언제부터인가 우리 사회가 '좋은 건 위로, 나쁜 건 아래로'라는 말처럼 힘 있는 인사들은 책임을 지지 않고, 권리만 누리는 사회가 되었는지 모르겠다. 힘 있는 사람은 빠지고 힘없는 사람들이 책임을 지는 일이 어디 이뿐인가?

1997년 금융위기 때(일명 'IMF 사태')도 금융위기를 일으켰던 일명 모피아들은 사태를 수습한다는 명목하에 책임지지 않았고, 일부 책임 있던 것으로 기소되었던 모피아들도 모두 무죄를 받았다. 금융회사들도 마찬가지였다. 책임은 오롯이 국민의 몫이었다. 그중에서 가장 열악한 위치에 있는 노동자들과 자영업자들이 모든 덤터기를 쓰고 혹독한 대가를 치렀다.

공정은 약자를 보호하는 방향으로 정해져야 한다. 불평등한 위치에 놓인 약자를 더 강하게 보호하는 사회가 공정한 사회이다. 지금은 시각장애인을 얕잡아 부르는 말로 전락했지만, 세종대왕께서는 시각장애인에게 종6품의 '봉사'라는 직함을 부여하여 생활의 불편함을 없도록 하였다. 이것이 애민이고, 공정이 아니겠는가?

2004년 기득권 보수 세력들에 의해 노무현 대통령이 탄핵당하던 모습에 분노해서 정치를 시작한 지 어느덧 20년이 지났다. 지난 세월 나는 무엇을 했고, 무엇이 부족했는지를 끊임없이 성찰한다. 지역구민을 대표하는 국회의원으로서 지역 주민들의 삶을 돌아보기 위해 허술한 점은 없었는지, 내가 더 할 수 있는 일이 있지는 않은지, 그리고 국민의 대표로서 국가 발전을 위해 내가 할 수 있는 일은 무엇인지.

혹시 권력에 눌려 해야 할 일을 다하지 못한 건 아닌지, 국회의원이라는 자리에 안주하지는 않는지 등을 성찰하는 데 나는 지금도 많은 시간을 보낸다.

대

짧은 글 긴 울림

短詩長鳴

페이스북에 게재한 글들

아무리 정치가 비정해도 이건 아니다

윤석열 대통령이 19일 병원에서도 단식을 이어가는 이재명 민주당 대표의 체포동의요구서를 재가했다고 합니다. 소통도 없고, 정치도 없고, 인간적 연민도 없습니다. 제거해야 할 정적만 있을 뿐입니다.

그렇다고 이게 끝이 아닙니다. 총선을 앞둔 야당 파괴 공작의 시작입니다.

한동훈 법무장관은 어제(18일) 이재명 대표를 향해 '잡범', '자해'라고 패륜적 막말을 쏟아냈습니다. 이 대표가 병원으로 이송된 직후 영장을 청구한 검찰입니다. 그들에게 공정한 법질서와 인권 옹호를 기대하는 것 자체가 어불성설입니다.

우리 속담에 '망나니 칼춤 춘다.'는 말이 있습니다. 윤석열 대통령은 언젠가는 이 속담을 곱씹는 날이 올 것이라고 확신합니다.

영장 기각은 사필귀정입니다

이재명 대표의 곁을 지켜온 박균택 변호사는 이 대표가 어제(26일) 영장실질심사 최후 진술에서 "경기도 지사 취임 이후 지금까지 수사에서 자유로워본 적이 없다"라고 했다고 합니다.

수없는 허위 사실과 협박으로 야당 대표를 무너뜨리기 위한 표적 수사가 수년째 이어졌습니다. 그렇지만 이재명 대표는 모든 굴욕과 수모를 견디며 진실이 드러나기를 기다렸습니다. 법원의 구속영장 청구 기각은 당연한 결과입니다. 깨어 있는 시민들과 함께 무도한 권력과의 싸움에서 물러서지 않겠다고 다짐합니다.

'칼로 흥한 자 칼로 망한다'는 말처럼, 분노한 국민의 역풍이 저들을 가만두지 않을 겁니다. 이재명 대표만이 잔인무도한 윤석열 정권을 끝장낼 수 있습니다. 하루속히 건강을 회복하기를 기원합니다.

윤석열 검찰독재 종식 투쟁의 지도자로 돌아오기를 기원합니다.

로고 바꾼다고 잘못이 바뀌지 않는다

국민의힘이 슬그머니 당의 로고를 바꾸었습니다. 'ㄱㅁ'에서 'ㄱㅎ'으로 로고를 바꾼 것입니다. '국민'에서 '건희'로 바뀌었다는 우스개도 나옵니다. 윤석열 정부니까 가능한 추측입니다.

저조한 지지율과 잡음에서 탈피해서, 내년 총선에서 새로운 모습을 보여주겠다는 의지라고 합니다. 그렇다고 정권의 폭주와 검찰 독재의 본질이 바뀌지 않습니다.

수구세력은 자유당, 공화당, 민정당, 신한국당, 새누리당, 국민의힘 등으로, 과거를 지우고 싶을 때마다 당명을 바꾸고 로고를 달리했습니다. 이번에는 자당 소속 의원들도 모르는 상태에서 이뤄졌다고 합니다.

얄팍한 속임수에 속을 국민은 없습니다. 가면을 백번 천번 바꿔쓴다고 윤석열정권의 폭력과 잔인함이 덮이지 않습니다. 침몰하는 경제와 불길한 안보 환경을 바꿀 국정 쇄신으로 시급한 국민의 요구에 답하기 바랍니다.

영수회담 거부하는 대통령, 불통 정치는 끝나야 합니다!

이재명 대표는 윤석열 대통령에게 '민생 영수회담'을 제안했습니다. 하루도 버티지 못할 만큼 위기에 처한 민생 경제를 살릴 방안을 마련하고자 해서입니다. 하지만 국민의힘과 대통령실은 '무조건 거부'로 어깃장을 놓고 있습니다.

정치는 자기편만의 이익을 위해서 행동하면 안 됩니다. 생각이 다른 집단과도 만나야 합니다. 화합, 통합, 소통을 위해서는 만나서 설득하고 양보하면서 함께 대안을 만들어야 합니다. 그게 국민을 위한 정치입니다. 지금 윤 정권과 국민의힘은 국민을 위한 정치가 아닌 '홀로 생존의 정치', '살생의 정치'에 몰두해 있습니다. 대화의 상대인 제1야당 대표를 적으로 간주한다면 정치는 극단으로 치닫고 파행을 거듭할 수밖에 없습니다.

윤석열 정권이 들어서면서 가장 공을 들인 사안은 경제살리기도, 기초 과학 역량 강화도,

국민 대통합도 아닙니다. 오로지 검찰권력을 이용한 '정적 죽이기', '야당 때려잡기'였습니다. 2년간 검사들을 총동원해 '이재명 죽이기'에 나섰던 정권이 이번 구속 기각과 함께 우왕좌왕하는 꼴이 한심합니다.

이재명 대표는 기각이 확정된 후 첫 언론 인터뷰에서 "정치는 정치인이 하는 것이 아니고 국민이 하는 것"이라고 말했습니다. 촛불을 든 깨어 있는 시민들이 있는 한 권력을 함부로 사용한 정권은 반드시 심판 받았음을 기억해야 합니다.

불통은 정치의 독약입니다. 윤석열 대통령에게 성숙한 정치인의 모습을 기대하는 건 무리일까요?

국민의 힘도 포기한 장관 후보자

국민의 힘이 오늘 열리는 김행 여성가족부 장관 후보자의 인사청문회에 불참하려다가 슬쩍 엉덩이를 들이밀고 있습니다. 그러고도 여당인가요?

김 후보자는 위키트리 주식의 '꼼수 파킹'. 부부 보유 주식 가치는 약 102억 2200만 원. 한국양성평등교육진흥원장 시절에는 자기 회사에 일감몰아주기. 직원들 급여를 체불해도, 국외 연수에 최소 1억 6천여만 원 급여 챙기기 등 온갖 비리 의혹이 계속 드러나고 있습니다. 국민의힘에서도 '후보 방어'에 백기를 든 상황입니다.

김건희 여사가 김 후보자를 내리꽂았다는 것은 공공연한 사실입니다. 그동안 윤석열정권은 인맥, 학맥, 낙하산 인사는 절대 없다고 반복해서 주장했습니다. 그런데 곰탕 끓이듯이 MB시절의 인사들을 재탕, 삼탕 장관으로 우려먹기하고 있습니다. 무능함의 극치입니다.

준비되지 않은 대통령,

그 대통령이 이끄는 행정부가 얼마나 위험한지, 국민의 고통과 피로감은 커져만 가고 있습니다.

김진표 의장,
입법부 수장이 맞습니까?

최근 김진표 국회의장의 행보를 보면 입법부 수장이 맞는지, 강한 의구심이 들 때가 있습니다.

이재명 대표의 체포동의안 표결을 앞둔 국회 본회의장에서의 일입니다. 국회의원의 신상발언은 5분 이내입니다. 초과하면 즉시 마이크가 꺼집니다. 한동훈 장관은 30여 분간 아무런 제지 없이 사실상 피의사실을 공표했습니다. 그런데도 제지하지 않았고, 외려 추가 시간까지 보장해 주려고 나섰습니다.

윤 정권 들어서는 국회 사무처가 시도 때도 없이 압수 수색 당하고 있습니다. 검찰청 직원들이 제집 안방 드나들 듯 들쑤셔도 항의 한마디 없습니다. 의정 활동하면서 이런 경우는 처음 보았습니다.

윤석열 정권은 시행령 통치로 국회의 입법권을 무력화시키고 있습니다. 통과된 법조차 '내 맘에 안 들어', 무조건 거부권을 행사합니다. 입법부의 역할과 위상이 완전히 무너졌습니다. 국회의장으로서 정부를 강력하게 질책하고 견제해야 하지 않을까요?

얼마 전에는 단식 중인 이재명 대표를 찾아가 '민주당 법안 단독 처리 자제'를 요구하기도 했습니다. 도대체 국회 파행의 책임을 누구에게 돌리고 있는 건가요? 목숨을 걸고 단식하는 야당 대표를 찾아가 질책할 것이 아니라 여당 대표를 설득해서 함께 방문하는 것이 입법부 수장으로서, 더 합당한 처사였을 겁니다.

국회가 살아야 정치가 살아납니다. 김진표 의장의 분발을 촉구합니다.

강서구청장 D-1,
이제 국민 심판만이 남았습니다

강서구청장 보궐선거가 하루 앞으로 다가왔습니다.

윤석열 정권 심판의 날이 될 것이라 확신합니다.

사전투표율 22.6%를 기록하며 역대 최고입니다.

강서구민들이 주권 행사를 통해, 현 정부의 폭정을 경고하고 있다는 분석에 더 큰 힘이 실리고 있습니다.

이재명 대표는 어제 병원에서 퇴원한 후 곧바로 진교훈 후보의 유세장을 방문했습니다. 회복이 덜 됐는데도 힘을 실어주기 위해서였습니다.

"국민을 인정하지 않고, 주권자로 존중하는 것이 아니라 지배 대상으로 여기고 업신여기면 어떠한 일이 벌어진다는 것을 증명해 주시길 바랍니다"

이재명 대표의 호소를 다시 강조하고 싶습니다.

강서구민 여러분,

투표에 꼭 참여해 주십시오.

압도적 표 차이로 국민이 무엇을 원하고 있는지, 윤석열 정권이 얼마나 잘못된 길을 가고 있는지 확실히 보여주어야 합니다.

한동훈 장관은 부실 인사검증을 책임져야만 합니다

"대한제국이 일제보다 행복했겠냐"라는, 일본의 국방장관이 더 어울릴 신원식 국방장관.

"블랙리스트 없었다"라며, 일말의 반성을 보이지 않는 유인촌 문화체육관광부장관.

"스팀코인은 없다"라며 끝까지 발뺌하다가 청문회 중 줄행랑 친 김행 여성가족부장관 후보.

판사로서 "법을 몰랐다"라는 거짓말로 재산은닉 등의 범죄를 저지른 이균용 대법원장 후보.

한마디로 처참한 수준의 인사 참사입니다. 이런 핵폭탄급 부실 인사검증의 중심에는 한동훈 장관이 있습니다.

한 장관은 윤석열의 황태자를 자처하며, 법무부에 인사정보관리단을 만들었습니다.

'인사가 만사다.'는 말이 있듯이, 공무원 인사 검증은 정부의 핵심 기능 중 하나입니다. 그것을 한동훈 법무장관이 직접 관장하겠다고 나섰던 겁니다.

결과는 어떻습니까? 검증 시스템이 있기는 한 겁니까?

국민의 눈높이를 맞추고 있다고 생각합니까?

국민을 우롱한 한동훈 장관은 물러나야 합니다.

윤 정부의 역대 최대 순방비 578억, 실화입니까?

올해 정상 외교 예산은 578억 원이나 됩니다. 역대 최대치입니다. 이미 249억 원을 홀랑 다 써버리더니, 또다시 예비비 329억 원을 책정했습니다.

"바이든 쪽 팔려서 어떡하나", "UAE의 적은 이란" 등 해외 순방만 나갔다 하면 국격을 떨어트리는 말과 행동으로 '또 무슨 어떤 사고를 칠지' 국민을 불안에 떨게 만든 것이 윤 대통령의 외교 행적입니다.

거기에 수백억 원의 순방비를 사용했습니다.

정상 외교가 수십 국가를 돌아다니고, 지도자를 만나면서 돈을 펑펑 쓰는 건가요?

33년 만의 무조건적 기초과학연구 R&D 예산 삭감, 노인 · 아동 · 청소년 · 장애인 약자 지원 예산 대폭 삭감 등 앞뒤 없이 예산을 삭감하는 것이 현 정부의 국가 살림 운영 기조입니다.

순방 예산이 제대로 쓰였는지 철저하게 따져봐야 합니다. 불투명하고 잘못된 사용이 있었다면 반드시 책임을 물어야 합니다.

해외 순방은 대통령 부부의 '호화판 해외 나들이'가 아닙니다.

윤 정권의 언론장악 현실화인가

이번 강서구청장 선거는 명실공히 미니총선, 정권심판이었습니다.

전국민적 관심이 최고조에 달했지만 24시간 방송인 YTN은 밤 12시가 조금 넘은 시간까지만 개표 상황을 송출했고, 심지어 24시간 방송인 연합뉴스는 자막방송조차 하지 않았습니다.

오마이뉴스, 더탐사 등 일부 진보언론만이 실시간 방송을 진행했습니다. 지상파 방송을 포함하여 종편까지 한결같이 무관심한 척한 건 분명 의도가 있어 보입니다.

용산의 눈치를 본 것 아니냐는 의구심이 커지고 있습니다.

개표 결과의 파장을 축소하려는 의도가 있다면, 윤 정권의 언론 길들이기가 현실화되고 있다는 것을 의미합니다.
〈MBC〉, 〈JTBC〉, 〈뉴스타파〉, 〈시민언론 더탐사〉 압수 수색. KBS 시청료 분리 징수 강행, 〈TBS〉 예산삭감 등 윤 정권의 언론탄압은 현재진행형입니다.
국민의 눈과 귀를 가리는 행위인 언론장악, 이것은 전체주의 정권의 가장 큰 고질병입니다.

대통령 지지율 20%대가 의미하는 것

윤석열 대통령의 지지율이 결국 20% 대로 내려앉았습니다.
〈뉴스토마토〉가 의뢰한 여론조사 결과입니다.
일각에서는, 현재의 국정운영 기조를 유지하다가는 10%대로 곤두박질칠 수도 있다는 의견도 나옵니다.
국정 운영에 대한 부정적 여론은 60%대를 훌쩍 넘어섰습니다. 남녀, 대부분의 세대, 진보와 보수, 대구와 경북을 통틀어 부정 평가가 전반적으로 올라가고 있다는 사실에 주목해야 합니다.
모든 권력은 국민으로부터 나옵니다. 대통령은 선출직입니다.
예전 손에 그린 '王'자처럼 자신이 마치 왕이 된 것처럼 안하무인으로 권력을 사용한다면 국민이 그 힘을 거둬들일 겁니다.
윤석열 대통령은 지금 누구의 대통령입니까?

김건희 일가는 땅투기 사기집단, 이제 국민이 심판해야 합니다

김건희 일가의 양평고속도로 게이트로 분노가 하늘을 찌르는데, 또 다른 고속도로 예정지에도 김건희 일가의 땅 투기 흔적이 언론 보도를 통해 밝혀지고 있습니다.

정말 충격입니다.

2030년 준공을 목표로 추진 중인 이 고속도로는 경기도 하남시와 남양주시를 이을 예정입니다. 이 고속도로 예정지 옆에 김씨 일가의 땅 3만 3000평이 있다고 합니다. 자그마치 축구장 15배의 크기입니다.

김건희 일가는 어떻게 고속도로 예정지마다 거대한 땅을 가지고 있는 걸까요? 정말 이상합니다. 국토개발계획을 미리 알고 있거나, 그쪽으로 개발될 수 있게 도와주는 뒷배가 없지 않고서야 이럴 수는 없습니다.

김건희 일가는 조직적인 땅투기집단입니다. 하지만 검찰 조사는커녕 비호를 받고 있으니 통탄할 노릇입니다.

양평 고속도로 게이트와 함께 남양주 고속도로 의혹도 특검을 통해 낱낱이 밝혀져야 합니다.

학폭으로 얼룩진 윤석열 정권의 인사라인

대통령 의전비서관의 초3 딸이 한 살 어린 여학생에게 전치 9주의 상해를 입혔습니다. 그런데도 학폭위는 사건 발생 후 두 달 후에야 열렸습니다.

더욱 의문은, 단 1점 부족으로 강제전학조치가 이루어지지 않았습니다. 가해자는 아직도 피해자에게 제대로 된 사과 한마디 않고 있습니다.

전형적인 권력형 학폭 사건입니다. 김승희 의전비서관은 김건희 여사와 대학원 동기입니다. 그 자리에 누구의 입김으로 꽂혔는지 명확합니다. 증명이라도 하듯이, 김 비서관의 배우자는 사건이 난 후 sns 프로필 사진을 남편과 윤석열대통령이 함께 찍은 사진으로 바꾸었습니다. 학폭위 관계자들에게 대놓고 권력을 과시하였습니다.
사건은 8월에 일어났는데, 최근 국감에서 밝혀지면서 대통령실은 부랴부랴 사퇴로 마무리 지으려는 모양새입니다.
중대 피해가 왜 이런 경미한 조치로 끝났는지, 대통령실은 알고도 묵과한 것인지, 몰랐다면 공직자 인사 관리 시스템이 엉망이 아닌 것인지, 철저히 조사해야 합니다. 이는 분명 권력형 학폭 무마 사건입니다. 정순신, 이동관, 김승희. 벌써 세 번째입니다. 윤석열 정권은 '내 사람' 검증으로 주요 인사를 뽑고 있으니 이 모양 이 꼴입니다.
우리 국민은 더 이상 윤석열 정권에게 국정을 맡길 수 없습니다.
국민 심판만이 남아 있습니다.

민생은 뒷전,
아직도 이념에만 빠진 윤석열 정권

오늘 윤석열 대통령은 '문재인 주사파, 국사농단' 등의 비방이 난무하는 박정희 추도식에 참석했습니다.
현직 대통령이 추도식에 참석한 경우는 처음이라고 합니다. 이는 부적절한 처사인 동시에 '이념보다 민생' 기조와도 전혀 맞지 않는 모습입니다.
"반성하겠다", "이념 논쟁을 멈추고 민생에 집중하겠다", 강서구청장 보궐선거에서 대패한 후 국민의 힘과 대통령실이 쏟아낸 말들입니다.
하지만 이념전쟁의 발원지가 어디입니까? 바로 윤석열 대통령 본인입니다. 얼마 전까지만 해도 '이념이 중요하다'고 말했고, 야당을 '공산전체주의 세력'으로 매도하면서 홍범도 장군과 같은 독립운동가의 명예를 훼손시켰습니다.
심지어 구청장이 국민의 힘 출신인 서대문구청은 '민감한 사안'이라는 이유로, 서대문형무소 역사관 앞에 세우는 홍범도 장군추모 부스 설치조차 금지했습니다.
윤석열 정권은 아직도 '이념의 늪'에서 벗어나지 못하고 과거로의 퇴행을 거듭하고 있습니다. 그들이 말하는 '민생'은 44년 전 죽은 유신독재자의 추도식에나 있는 모양입니다.
한심하기 짝이 없습니다.

이태원 참사 그 후 1년,
바뀌지 않는 대한민국

10월 29일은 이태원 참사가 발생한 지 1년이 되는 날입니다.

국가 컨트롤타워의 부재로 아까운 목숨들이 어이없게 희생된 슬픈 날입니다. 지난 1년간 정부는 절박한 유족과 시민들의 진상규명 요구를 끈질기고도 악랄하게 무시했습니다.

심지어 유족들이 윤석열대통령을 추모식에 초대했지만 '정치행사'는 딱지를 붙이면서 불참하겠다고 합니다. 억울한 죽음을 '정치'와 '이념'으로 덧씌워 왜곡하는 행위는 과거 군사정권 시절의 전매특허였습니다.

윤석열정권은 책임자들은 직접 책임을 물을 수 없다고 다 빼내고, 진상규명의 출발점인 '이태원참사특별법'은 극구 반대합니다.

진상조사도 거부하고 매뉴얼을 만들자는 제안도 모른 체 하는 것이 작금의 대한민국 정부입니다.

시민의 안전과 생명을 책임지지 못하는 정부는 자격이 없습니다.

윤석열 대통령은 그 자리에 앉아있을 자격이 없습니다.

후쿠시마 오염수 대응 예산 3조,
이게 말이 됩니까

후쿠시마 오염수 방류 대응 비용으로만 앞으로 6년 동안 3조가 넘는 세금이 투입되어야 할 판국입니다.

윤석열 정부의 오염수 방류 대응 예산안 자료에 따르면 정부는 올해부터 6년간 3조 1,436억 9,100만 원의 자금을 집행할 계획이라고 합니다.

해양수산부가 3조 1천억 원, 원자력위원회가 212억 7천8백만 원이고, 식품의약품안전처가 96억 원입니다. 일본 정부가 해양 방류를 하지 못하도록 막았으면 필요 없을 비용입니다.

설상가상으로 이러한 예산을 앞으로 얼마나 더 투입해야 할지 모른다고 합니다.

오염수는 일본이 바다에 뿌리는데, 그 뒤치다꺼리는 우리 국민의 세금으로 메워야 한다니. 황당하고 답답할 노릇입니다.
정부는 지금이라도 더 이상의 오염수 방류를 반대해야 합니다. 피해액을 산출하여 일본 정부에 청구해야 합니다.
윤석열 정권의 방류 방조는 결단코 용서할 수 없는 일입니다.

알맹이는 없고 변명만 가득한 시정연설

어제 윤석열 대통령의 시정연설을 들으면서 내년에도 서민들은 고통의 한 해를 보내겠구나 싶었습니다. '건전재정 계속 간다'는 건 서민의 어려움을 모른 체 하겠다는 말과 같습니다.
이재명 대표는 "국정기조 전환은 없고 변명만 있었다"라고 평가했습니다.
국가 발전의 기초 역량을 키우는 R&D 예산을 무차별적으로 삭감하면서 '합리적 설명'보다는 당위성에 대한 '집착'만 읊어댔습니다.
일반 병사들 복지예산은 1857억 원이나 삭감하겠다고 했습니다. 대신 검찰특수활동비 292억 중 절반을 검사들에게 월급처럼 지급했습니다.
윤석열 정권은 '먹고사는 문제' 해결은 아예 손을 놓았습니다. 국정기조의 전환 없이는 서민경제는 해가 갈수록 악화할 겁니다. 국민들의 어깨를 무겁게 짓누르는 윤석열 정권을 강력하게 규탄합니다.

천공이 대통령인가

강서구 보궐선거 대패 후 엉뚱한 곳에서 표심을 찾으려는 국민의힘 발상에 기함을 토합니다. 부동산, 교통, 환경, 교육, 일자리 문제는 긴급한 국가적 난제입니다. 이를 가중시키는 것이 서울과 수도권으로의 인구 집중입니다.

노무현정부에서 '국가균형발전특별법'을 제정한 이래, 국가균형발전은 지방소멸을 막고 안정적 경제발전을 위한 핵심적 국가운영기조였습니다. 그런데 수도권에서 민심이 떠나자, 겨우 생각해 낸 것이 '수도권을 서울로 합쳐줄 테니 표를 달라'는 것이라니요.

국가의 백년지대계는 생각하지 않고 눈앞의 이익만을 좇는 행태에 추악함마저 느낍니다. 정작 메가시티가 시급한 거점 지역은 부산, 대구, 광주 등이 아닌가요?

더욱 어처구니가 없는 것은, '경기도-서울 통합'의 발상이 천공에게서 나왔다고 합니다. 그의 주장이 담긴 영상도 등장했습니다. 이것도 '천공의 작품'인가요?

이런 해괴한 일들이 계속 발생하는 걸 보고 있자니 이 나라가 천공의 나라가 아닌지 헷갈릴 정도입니다. 충청도, 강원도에서 국민의 힘 표가 나오지 않으면 모두 서울로 묶자고 나설 겁니까? 지방 주민들은 대한민국 국민이 아닙니까? 이념 갈라치기도 모자라서, 이젠 지역 갈라치기까지 합니까?

국민의힘은 시대에 역행하는 주장을 철회해야 합니다. 윤석열대통령은 천공과의 연루설에 대해서 직접 해명해야 합니다.

하락하는 성장엔진, 상승하는 물가지수

소비자물가 상승세가 심상치 않습니다.

정부가 물가를 잡겠다고 입으로만 장담하는 사이, 서민의 삶과 직결된 생활물가지수는 무려 4.6%나 올랐습니다. 만원 한 장으로 점심값 해결도 쉽지 않습니다.

전기세, 수도 요금 인상도 모자라 지하철, 버스 요금까지 일제히 오르면서 집을 나서기

전에 지갑부터 열어봐야 할 지경입니다.

민생을 뒷전으로 밀어 둔 윤석열 정권의 경제 성적은 빵점입니다. 윤석열 집권 이래 이념 논쟁, 해외순방, 표적 수사와 압수수색 말고는 국민을 위해 무엇을 했는지 기억조차 나지 않습니다.

IMF는 내년도 한국의 성장률을 2.4%에서 0.2% 낮춘 2.2%로 전망했습니다. 세계 경제 예상 성장률은 2.9%입니다. IMF가 전망한 올해 한국의 성장률은 1.4%입니다. 세계 경제 성장률은 3.0%입니다.

대한민국 경제가 동력을 잃은 건 아닌지 매우 걱정됩니다.

어제 이재명 대표는 '3% 성장론'을 천명했습니다. 방안 제시와 함께 정부의 소극적 재정 정책도 강하게 비판했습니다.

민생경제 회복을 위해서는 여야가 따로 있을 수 없습니다. 국민의 삶이 더 이상 피폐해지지 않도록 정부와 여당은 오만함을 버리고 겸손한 자세로 민주당과 머리를 맞대야 할 것입니다.

법원도 인정한 폭력적인 언론장악

윤석열 정권의 방송장악 폭거에 제동이 걸렸습니다.

이동관의 방송통신위원회가 MBC 장악을 위해 도발한 권태선 방송문화진흥원 이사장 해임 건에 이어 김기중 이사의 해임 건까지 모두 효력이 정지되었습니다.

법원이 연이어 위법임을 증명해 준 것입니다.

윤석열 정권의 언론 탄압과 방송장악에 대한 야욕은 집요하게 지속되고 있습니다. KBS 사장을 이유 없이 내쫓은 것도 모자라서 의심스러운 군 면제와 세금 체납 이력이 있는 사장을 낙하산으로 내리꽂으려 합니다.

언론통제의 가장 구태의연한 방법은 임원들을 해임시키고 자신들의 사람들로 채워나가는 것입니다. 군사독재 시절에나 가능했던 안하무인의 행태는 규탄받아야 마땅합니다.

언론을 '난장판'으로 만들고 있는 윤석열 정권은 방송장악 음모를 즉각 철회하십시오.
본인이 국무위원이라고 착각하며, 치외법권적인 월권을 행사하는 이동관 방통위 위원장의 해임을 강력히 촉구합니다.

쇼로 얼룩진
윤석열 대통령의 민생 소통

언제나 그렇듯 윤석열 대통령은 비상경제민생회의에서 카카오택시 횡포 제재 약속을 또 '툭' 던졌습니다. 회의에 참석했던 택시 기사가 카카오모빌리티의 과도한 콜 수수료를 지적했기 때문입니다.
민생 행보라며 시작은 좋았습니다만, 알고 보니 이 택시 기사는 지난 대선에서 국민의힘 부산선거대책위원회 공동선대위원장이었습니다.
자다가도 소가 웃을 일입니다. 대통령은 국민을 바보로 아는가 봅니다.
지난번에도 근로 시간 제도 개편과 관련해 현장 목소리를 듣겠다더니, 중소기업 사장 아들을 청년 노동자로 둔갑시켰던 일이 있었습니다.
윤석열 대통령은 국민과의 소통을 원맨쇼로 생각하는 건 아닌지 심히 걱정됩니다. 진정한 대화 의지가 없다고 봐야 합니다.

또 학교폭력 인사참사,
인사검증시스템은 어디에?

김명수 합동참모본부 의장 후보자의 자녀가 학폭 가해자로, 징계처분을 받았던 사실이 드러났습니다.
정순신 전 국가수사본부장 후보자, 이동관 방송통신위원장, 김승희 전 대통령실 의전비서관에 이어 벌써 4번째입니다.
정 전후보자 임명 취소 후에 대통령실은 인사검증 예비질문서에 학교폭력 문항을 꼭 추가하겠다며 밝힌 바 있습니다. 그런데도 똑같은 사안이 반복되고 있습니다.
도대체 윤석열 정권의 인사검증시스템은 작동하고 있는지, 기준이나 세워져 있는 건지 너무나 한심스럽습니다.
인사 검증을 맡고 있는 한동훈 장관은 정치권이나 기웃거리지 말고 본인의 업무나 제대로 수행했으면 좋겠습니다.
엄격한 도덕성을 갖춰야 할 고위공직자에게 학폭과 같은 중요 사안을 점검하지 않았다는 것은 현 정권이 얼마나 도덕성에 무감각한지 반증하는 것입니다.
한 번은 실수라고 주장하더라도 4번은 무능이요, 국민에 대한 우롱입니다. 윤석열 정권은 인사검증 실패의 책임을 지고 대국민 사과와 함께 재발 방지 대책을 내놓아야 할 것입니다.

부자 감세에만 집중하는 잘못된 조세정책

윤석열 정부는 다시 주식 양도세 부과 기준 완화를 추진하려고 합니다.
작년에 양도세를 낸 사람은 전체 개인 투자자의 0.05%인 불과 7천여 명에 불과합니다. 감세 혜택을 보는 건 결국 한 종목 당 10억 이상의 주식을 가지고 있는 극소수의 부유층들뿐입니다.
가뜩이나 세수가 부족해서 나라 살림살이가 말이 아닌데. 또 부자 감세를 하려고 하니, 도대체 어떤 생각으로 국정을 운영하는지 알 수가 없습니다.
미국, 프랑스 등도 당연히 주식 소득에 세금을 부과합니다. 선진국들과 비교해도 완전 정반대의 길을 가고 있습니다.
작년에 이미 법인세 인하, 다주택자 종부세 완화 등 각종 감세로 나라 곳간이 텅텅 비어가고 있는데 대책 없이 부자 감세에만 열을 올리고 있는 윤석열 정권은 빨리 정신 차리기 바랍니다.

국가전산망 마비, 정부도 같이 멈췄다

세계 최고 수준을 자랑하던 '디지털 플랫폼 정부'가 다운되었습니다. 행정전산망 '새올'부터 온라인 민원서비스 '정부24'까지 줄줄이 먹통이 되었습니다. 국민의 불편은 이루 말할 수가 없었습니다.

이번에도 우리는 정부의 부재를 확인했습니다. 전산망 먹통 사실이 정부의 안내 문자가 아닌 시민들의 SNS를 통해 알려졌습니다. 행안부는 '민원 대란'이 시작된 지 9시간이 지나서야 사태의 심각성을 감지했습니다.

24시간이 지난 후에야 한덕수 국무총리가 '송구하다'는 입장문을 냈고 이로부터 다시 12시간이 지나고 나서야 이상민 행정안전부 장관의 몇 마디를 들을 수 있었습니다.

국민은 묻습니다. "도대체 정부는 어디서, 무엇을 하고있는 건가요?" "대한민국에 정부가 있기는 한 건가요?"

더욱 심각한 문제는 사고 원인을 명확히 규명하지 못하고 있다는 점입니다. 네트워크 장비 문제이기에는 너무 오래 다운되었습니다. 어째서 이중화 시스템이 작동하지 않았으며, 복구가 지연되었는가에 대해 행정안전부는 대답하지 못하고 있습니다.

이 와중에 윤석열 대통령은 또 다시 영국과 프랑스로 여행을 떠납니다. 해외 순방을 다녀온 지 하루 만입니다.

취임 이후 19개월 동안 16번의 해외 순방입니다. 거의 1개월에 1회꼴 순방입니다. 할 수 있는 거라고는 해외로 돌아다니는 일밖에 없는 것 같습니다.

민생이 먼저라고 말한 대통령 맞습니까?

현 정권의 위기 대응 능력은 빵점입니다. 국민은 이제 분노를 넘어서 두려움까지 느끼고 있습니다. 대한민국의 위기, 망가져 가는 국가 시스템을 보면서 더 이상 기다릴 수 없습니다.

모두가 떨쳐 일어서야 할 때가 아닌가 싶습니다.

땡尹
9시 뉴스가 공정 방송입니까?

인사청문회조차 통과하지 못한 채 취임한 KBS 박민 사장은 윤석열정권 공영방송 장악의 일환으로 밀어붙인 인사입니다. 그는 불과 열흘 만에 KBS를 군사독재시절의 '땡전뉴스'를 능가하는 '땡윤뉴스'로 변질시켰습니다.

지난 17일은 초유의 행정전산망 마비사태가 벌어졌습니다. 주요 방송사는 모두 메인뉴스로 사태를 다루었지만, KBS 9시 뉴스는 첫 뉴스로 윤석열 대통령의 APEC 참석을 대대적으로 다루었습니다.

기자는 행정전산망 마비 사태를 '민원 불편' 정도의 사안처럼 설명하는 행정안전부 입장을 보도하는 것에 그쳤습니다.

박민 사장은 취임식에서 "그동안 KBS가 공영방송의 정체성을 상실했다"고 사과했습니다. 알고나 하는 소리일까요?

하루아침에 교체된 9시뉴스 앵커는 정부여당을 비판했던 기사들을 불공정 보도였다고 읊어가면서 '반성문'을 읽는 황당한 모습을 보였습니다.

땡윤뉴스가 '공정방송'입니까? 방송장악에 모든 것을 건 윤석열 정권의 실체를 보여줄 뿐입니다.

검찰 카르텔은 단죄받아야 합니다

이정섭 검사 처남의 마약 복용 사실이 경찰, 검찰, 보수 언론의 철저한 비호 속에 덮였다는 사실이 속속 드러나고 있습니다. 처남의 부인이 직접 증거를 제시했지만 경찰은 불송치 처리했고, 언론에 도움을 요청했지만 기사화되지 못했습니다.

배후에는 검찰의 검은손이 뻗쳐 있었음을 의심하지 않을 수 없습니다. 국정감사에서 폭로된 후에야 수사선상에 올랐지만 '김영란법 위반' 등 경미한 범죄혐의만 압수 수색을 하는 모습입니다.

불송치 과정에서 이 검사가 가사도우미 전과를 조회하는 등 불법행위를 저질렀지만, 수사조차 진행되지 않고 있습니다. 오히려 고발인에게 증거자료 요구와 방문 등으로 압박하는 양상입니다.

검찰은 '수사하는 척'하며 본질을 비껴가고 있습니다. 처음부터 이 사건을 외면, 무마시킨 검찰이 등 떠밀듯 '눈가리고 아웅'하는 수사가 제대로 진행될 리 만무합니다.

이정섭 검사는 국정감사에서 수사 대상 기업의 임원에게서 금품과 향응을 받았다고, 고발된 사람입니다. 여기에 검찰 권력까지 가족들의 법망 피하기에 이용했다면 이게 바로 '검찰 카르텔'입니다.

이번 사건은 '검찰 공화국'의 폐해를 단적으로 보여줍니다. 국민이 맡긴 정의의 칼을 자신들을 지키는 것에만, 또한 정적 죽이기에만 사용한다면 결국 그 칼끝이 본인들을 향할 것임을 경고합니다. 검찰과 공수처는 이정섭 검사의 비리 혐의에 대해 철저한 수사를 진행하여 엄중 처벌해야 할 것입니다.

아직도 文정부 탓밖에 모르는 윤석열 정부

우리나라의 2030엑스포 유치 실패는 전 국민에게 큰 실망과 좌절감을 안겨 주었습니다. 정부는 사우디와 박빙의 1차 투표를 만들고, 2차 투표에서 역전을 이룰 것이라고 호언장담했습니다.

그러나 119:29 참패라는 처참한 성적표를 받았습니다.

그런데도 반성은커녕 정부 여당, 부산시장까지 나서서 '文정부가 일찍 유치전을 시작하지 않아서'라며 또다시 전 정부 탓을 하고 있습니다.

많은 외교 전문가들은 상황을 파악하지도 못한 채 무조건 이길 것이라는 '희망 회로'를 돌려댄 외교 라인이 큰 문제였다고 지적합니다.

게다가 보는 사람들도 낯 뜨겁게 10여 년 전 '강남스타일'을 주 내용으로 내세운 PT 자료 등 수준 낮은 콘텐츠의 문제점도 거론되고 있습니다.

윤석열 정권이 집권한 지 2년이 되어갑니다. 아직도 전 정부 탓을 하면, 국가는 누가 운영합니까? 이는 비겁함과 무능함을 단적으로 보여주는 꼴입니다.

'실패가 성공의 어머니'가 되기 위해서는 형식적 사과, 남 탓에 몰두하지 말고 국민 앞에 솔직해야 합니다. 이제라도 원인이 무엇이었는지 어떻게 개선해야 할 것인지 꼼꼼하게 점검하기를 촉구합니다.

도를 넘어선 정치검찰의 횡포

김건희 여사의 명품 가방 수수 영상이 공개되면서 파장이 점점 더 커지고 있습니다.

손에 명품 선물들을 든 채 여사와의 면담을 기다리는 사람들을 떠올리자니 분노가 치밀어 옵니다.

지금까지도 대통령실, 집권 여당, 특히 검찰과 경찰은 어떤 조사나 조치도 진행하지 않고 있습니다. 언론은 축소, 물타기 보도 중이고 아예 다루지 않는 언론사들도 부지기수입니다.

이런 상황에서 오늘 오전 수원지검은 경기도청 압수수색을 또 실시했습니다. 이재명 대표의 경기도지사 시절 법인카드 내역을 확인하겠다는 겁니다.

김동연 경기지사는 경기도청 국감에서 검찰이 3주 동안 거의 도청에 상주하다시피 하면서 압수수색을 진행해서 행정 운영에 큰 차질을 가져왔다며 답답한 마음을 토로한 바 있습니다. 그런데 오늘 또 압수수색이 진행되었습니다.

어째서 윤석열정권의 공권력은 동등한 잣대로 집행되지 않고 자의적 판단에 따라 사용되는 걸까요? 정말 통탄스러운 일입니다.

정치검찰의 횡포가 극에 달하고 있습니다. 검찰은 대통령의 사유물이 아닌 국민의 기관이 되어야 합니다. 스스로 변하지 못한다면 분명 그만한 대가를 치를 것임을 경고합니다.

눈덩이처럼 커지는 나라빚과 가계빚

우리나라 가계빚이 1875조원을 넘어서며 사상 최고치를 경신했습니다. 올해 3분기에만 14조 원 이상이 늘었습니다.

'영끌'과 '손절'을 반복하며 눈덩이처럼 불어나는 대출로 생활비를 메우는 가정이 기하급수적으로 늘어나고 있는 것입니다.

나라 살림은 더더욱 엉망입니다. 기획재정부에 따르면 올해 9월 기준 중앙정부 채무는 1천조를 넘어선 지 오래입니다. 올해 세수도 59조 원이나 펑크 났습니다.

전문가들은 돈을 풀어야 할 때 예산 깎기에만 몰두하는 윤석열 정권의 경제 정책이 더욱 큰 문제를 일으킨다고 입을 모아 지적합니다.

살림살이는 나아질 기미가 보이지 않고 2030세대의 대출 연체율은 하루가 다르게 급등하고 있습니다. 2021년 1.0%였던 기준금리는 2022년 말 3.35%까지 치솟았습니다. 고통은 올곧이 서민의 몫입니다.

올바른 지도자 선택이 얼마나 중요한지 우리는 다시 한번 깨닫게 됩니다. 힘내십시오, 항상 함께 하겠습니다.

독재자는 국민의 적으로 영원히 역사에 남습니다

최근 12 · 12 군사반란을 모티브로 개봉한 영화 '서울의 봄'이 관객 수 200만 명을 돌파했습니다.

이 영화는 1979년 12월 12일, 전두환-노태우 신군부세력이 자행한 군사반란 쿠데타의 폭압적이고 잔인했던 과정을 생생하게 다루고 있습니다.

영화를 관람한 시민들의 인증 댓글들이 줄을 잇고 있습니다.

"전두환 때문이라도 지옥은 있어야 한다."

"다시는 군부의 군홧발에 나라가 무너지는 일은 없어야 한다."

자칫 잊힐 수 있는 비극적인 과거가 현재의 각성으로 되살아나고 있습니다. 독재는 총칼로 강압하는 것만 지칭하지 않습니다. 폭력으로 자유 인권, 언론 등을 탄압하는 것도 엄연한 독재입니다.

현재 대한민국은 군부 독재 시절만큼 암울한 '검찰 독재'의 광풍에 휩싸여 있습니다. 검찰통치는 더 집요하고 악랄하게 국민을 옥죄고 있습니다. 하지만 우리 국민은 민주주의와 평화, 인권의 힘으로 매번 독재 정권을 무너뜨린 저력을 가지고 있습니다.

겨울이 아무리 매서워도 봄은 옵니다. 어둠이 아무리 깊어도 새벽은 옵니다.

대한민국의 새봄을 맞이할 힘은 국민에게서 나옵니다. 우리 국민은 윤석열 검찰 독재의 겨울을 결코 용납하지 않을 것입니다.

무능한 정부 탓에 빚더미에 올라앉는 지자체

지방자치단체들의 재정압박이 갈수록 심해지고 있습니다. 부동산경기 침체로 세수가 감소하는 데다가, 중앙정부의 교부금마저 줄어들기 때문입니다.

전라북도는 11년 만에 300억 원의 지방채를 발행하겠다고 나섰습니다. 보통교부세와 지방세 감소분을 메우기 위해서입니다.

인천시와 부산시 등 최소 10곳의 광역지자체들이 지방채를 발행 또는 검토 중이라고 합니다. 정부가 내년 지방교부세를 8조 5천억 감액하면서 벌어진 사태입니다.

국세 수입 예측 실패로 무려 59조가 넘는 역대급 세수 펑크가 났습니다. 무능한 중앙정부 탓에 지방정부가 빚을 내는 상황입니다.

이런 상황에서 지방시대위원회는 지방시대 종합계획을 내놓았습니다. 앞에서는 지역균등발전을 외치면서 뒤에서는 지방경제를 흔들어댑니다. 이러면서 윤석열 정권은 지방분권시대를 운운할 자격이 있습니까?

살림은 고사하고 가계부 하나 제대로 쓸 줄 모르는 정부에게 국민의 소중한 세금을 맡길 수 없습니다. 윤석열 정부는 예산안 수정을 즉각 실행하기를 촉구합니다.

물가는 폭등하는데,
대통령은 또 해외 순방

한국소비자원에 따르면 지난 1년 동안 생활용품 41개의 평균 상승률이 18%에 달했습니다. 특히 비누 등 생활 위생용품의 상승률은 25.2%에 달합니다.

월급 빼고 안 오른 것이 없습니다. 목욕 요금은 이미 1만 원을 넘은 지 오래고 세탁 요금은 8.4%, 미용 요금은 4.2% 뛰었습니다. 국민의 삶은 더욱더 팍팍해지고 있습니다.

물가가 고삐 풀린 망아지처럼 날뛰고 있는데, 정부는 어디서 무엇을 하고 있는지 모르겠습니다. 가격을 내리지 않으면 세무 조사하겠다고 기업들한테 으름장을 놓는 것도 약발이 다한 모양입니다.

이런 와중에 윤석열 대통령은 또 해외 순방에 나섭니다. 국정은 이미 마비 상태인데, 뚜렷한 외교 성과와 이슈도 없는 해외 나들이에 왜 이리 집착하는지 모르겠습니다.

우리 국민이 정말로 바라는 대통령은 지지하는 유권자만 있는 곳, 보수 단체들의 행사, 귀빈 대접하는 외국 등 빛이 나는 곳만 좇는 대통령이 아닙니다.

힘들고 어려운 서민의 삶을 어루만지고, 비판의 목소리도 겸허하게 받아들이는 그런 대통령입니다.

국민은 안중에도 없는 대통령을 보며, 고물가 민생고의 도탄에 빠진 국민의 자괴감은 더욱 깊어만 갑니다.

엉뚱한 곳에서 협치를 구걸하는
윤석열 대통령

윤석열 대통령은 APEC 정상회의에서 기시다 후미오 일본 총리와 또 한 번 정상회담을 했습니다. 올해 들어서만 무려 7번째 한일 정상회담입니다.

그렇게 많은 한일 정상회담을 통해 대한민국은 무엇을 얻었습니까? 그런데도 APBC 한일전에서 욱일기가 등장하는 등 일본은 여전히 파시즘의 악령에서 벗어나지 못한 모습으로 우리의 분노를 불러일으킬 뿐입니다.

윤석열 대통령은 그렇게 일본 총리를 쫓아다니면서도 제1야당 대표와는 단 한 차례도 만나지 않았습니다. 국회에서 소수당인 집권당이 원활한 국정운영을 위해서 대화와 타협, 소통과 협치가

어느 때보다 중요함에 불구하고 말입니다.

하지만 대통령의 행태는 '거부권' 남발입니다. 그러면서 협치와 소통을 주장합니다. 정말 무능해도 이렇게까지 무능할 수가 없습니다.

윤석열 대통령은 엉뚱한 곳에서 협치를 구걸하고 있으니 국격은 바닥이요, 외교적 실이익은 없고 국정운영은 엉망이며 경제는 불안합니다.

대통령이 바뀌지 않는다면 국민이 대통령을 버린다는 사실을 똑똑히 명심하기 바랍니다.

윤석열 대통령 처가 비리 처벌, 이제 시작일 뿐입니다!

윤석열 대통령의 장모가

수백억 원 대의 은행잔고증명서 위조 혐의로

징역 1년을 확정받았습니다.

대통령이 즉각 대국민 사과를 해야 할 중대 사안입니다.

윤석열 대통령은 대선 후보 시절에

장모는 '10원 한 장 피해 준 적 없는 분'이라고 보증한 바 있습니다.

범죄를 알고도 이런 주장을 했다면

대통령직을 내려놓아야 할 만큼 중대사안입니다.

재판부는 "법과 제도, 사람을 모두 수단화하고

경시한 것은 아닌지 심히 우려스럽다"라고 지적했습니다.

사실 검찰이 위조 증명서 4장 중

1장에 대해서만 적용한

'축소 기소'란 점을 차치하겠습니다.

부동산투자와 사기 등, 앞으로 밝혀질
범죄 사실들은 차고 넘칩니다.
윗물이 맑아야 아랫물이 맑습니다.
반드시 '김건희 특검법'이 통과 되어야 합니다.
윤석열 대통령 처가의 비리가 축소되지 않고
낱낱이 밝혀져야만 합니다.

사람 취급 못 받는 하청노동자들

비정규직 하청노동자 김용균 씨가 태안화력발전소에서 홀로 작업하다 기계에 끼여 숨진 사건과 관련해 법원이 원청 업체들에 대해 5년 만에 무죄를 확정했습니다.
현재도 생산 현장에서 빈번히 발생하는 '누구도 책임지지 않는 외주화'에 사법부가 경종을 울려줄 것이라고 믿고 기다렸던 시민들과 노동자들에게 너무나 실망스러운 판결입니다.
사업주가 용역이나 도급 형식으로 업무를 외주화하면 외주 노동자들에 대해서는 안전조치 의무를 지지 않아도 된다는 말입니까? 이는 노동 현장을 이해하지 못한 처사입니다.
일부 사주들의 '노동 착취'와 '안전 불감증'을 더욱 부추기는 꼴이 됩니다.
사법부는 정의로움은 기본이고 약자의 편에 서서 그 판결이 앞으로 불러올 사회적 파장에 대해서도 함께 고려함이 옳다고 봅니다.
노동력의 유연성, 생산비 절감 등을 이유로 청년들이 더 빠르게 외주 노동자로 내몰리고 있습니다. 국가가 이들을 보호하고 지켜주지 않는다면 대한민국의 미래는 더욱 암울할 겁니다.
사법부가 답하지 못한 故 김용균 씨의 억울한 죽음에 대해
국회가 조금이라도 책임질 수 있도록 최선을 다하겠습니다.

절대다수가 요구하는 김건희 특검법

국민일보가 실시한 '김건희 특검법' 여론조사에서 윤석열 대통령이 '거부권을 행사하지 말아야 한다'는 의견이 70%에 달했습니다. 최근 여러 언론사들이 실시한 여론조사 결과와 유사합니다. 국민이 김건희 여사 일가에 대한 각종 비리 의혹을 얼마나 심각하게 보고 있는지를 반증합니다.

지금까지 윤석열 대통령은 야당과의 협치와 소통보다는 거부권 행사 카드를 남발해 왔습니다. 벌써 우리 국민은 이번에도 윤 대통령이 또 거부권을 사용하지 않겠냐고, 우려하고 있습니다.

여전히 윤 대통령의 지지율이 낮지만 특히 PK 지역에서의 지지율 하락이 눈에 띕니다. 상대적으로 윤 대통령과 여당에 절대적 지지를 보낸 지역에서 이 정도로 실망감을 느낄 정도라면 윤석열 정권은 그 경고를 무겁게 느껴야 할 것입니다.

만약 윤석열 대통령이 김건희 특검법마저 거부권을 행사한다면,

전면적인 국민 저항에 부딪힐 것이며 '탄핵' 요구가 더욱 거세질 것임을 다시 한번 경고합니다.

쪼그라드는 소비지출, 활기를 잃은 경제 상황

한국경제인협회가 국민 1천 명을 대상으로 한 여론조사에 의하면 50%가 넘는 국민이 내년에 소비지출을 줄일 계획이라고 밝혔습니다. 내년에도 가계 소비 회복은 힘들 것이라는 전망입니다.

부족한 소비 여력을 확보하는 방안으로는 부업 및 아르바이트, 예금 적금 해지 등을 선택했습니다. 본업으로도 살림살이가 궁핍해지니 투잡, 쓰리잡도 마다하지 않겠다는 것입니다.

퇴근 후 가족에게 돌아가서 충전 시간을 가지고 행복한 삶을 영위해야 할 가장이 대리운전, 택배 알바를 이어가는 비정상적이고 고단한 일상을 보내야 합니다.

국민 경제의 기초는 가정 경제입니다. 가정 경제가 흔들리면 국민 경제도 힘을 쓸 수가 없습니다. 가계 소비 위축은 곧바로 경제를 악화하는 촉발제가 됩니다.
이런 와중에 윤석열 대통령은 고가 명품 가방 뇌물 수수 의혹이 있는 배우자와 함께 또 해외 순방을 떠났습니다. 보수언론들조차도 한목소리로 비판 기사를 쏟아내고 있습니다.
윤석열 대통령이 네덜란드 국왕과 부딪힌 술잔 소리가 국민의 원성을 잠재울 수는 없습니다.
윤석열 정권은 IMF 때보다도 더 고통스럽다는 국민 탄원에 귀를 기울이고 국내 경제 상황을 타파할 수 있는 대책 마련에 힘쓰기를 촉구합니다.

국민을 기만하는 인사검증시스템

강도형 해수부 장관 후보가 음주운전과 폭행 혐의로 벌금형 처분을 받은 사실과, 배우자 소득이 있음에도 기본공제를 신청한 일. 거기에 더해 배우자 위장전입 사실까지 밝혀져 황당하기 이를 데 없었습니다.
설상가상으로 그는 원전 오염수 해양 투기에 대해 일본을 비판하더니, 불과 3개월 후에는 투기를 옹호하는 정부 홍보 유튜브 영상에 출연했습니다. 도저히 과학 연구자로서의 신념과 원칙을 찾아볼 수 없습니다.
이 정도면 윤석열 정권은 인사검증시스템이 없다고 말하는 편이 나을 것 같습니다. 인사 참사라는 말도 아까울 지경입니다.
한동훈 장관의 법무부가 '음주운전이나 폭행 전과쯤이야'라고 생각하며 인사검증을 실시했다는 말 이외에 달리 설명할 길이 없습니다.
윤석열정부는 이전 정부의 인사검증시스템을 전면 부정하면서 한동훈의 법무부에 인사검증시스템을 넘겨주었습니다. 그런데 이게 뭡니까? 몰랐다면 무능과 업무태만이고 알았다면 국민을 기만하고 농락한 것입니다.
강도형 후보자는 장관 후보로 부적격합니다. 윤석열 정권은 인사검증시스템을 다시 정비하여 제대로 된 장관 후보를 찾기를 촉구합니다. 국민이 똑똑히 지켜보고 있습니다.

제 2 부

기획, 조작, 무죄 입증

노웅래 정치탄압에 대한 입장

존경하는 재판장님,

국민의 뜻에 따라 선출된 국회의원으로서, 불미한 일에 연루되어 마음이 너무 무겁습니다. 최선을 다해 실체적 진실이 드러나도록 노력하겠습니다.

이번 사건을 겪으면서 국회의원의 처신이 참으로 어렵다는 것을 다시 한번 절감했습니다.

재판장님도 잘 아시겠지만, 국회의원 업무의 70~80% 정도가 민원 처리입니다. 행정부가 국민신문고나 민원콜센터 등을 운영하듯이, 국회의원도 직접 유권자들의 하소연을 '들어주고 알아봐 주는 것'이 기본 책무이고 역할입니다.

이런 과정에서 입법 아이디어도 얻고 정책도 제안받습니다. 국회의원이 발의하는 법안의 상당수는 그렇게 만들어집니다. 저 역시 '소명 의식을 가지고' 민원을 처리해 왔습니다.

민원인들이 국회의원을 찾아올 때는 어려운 상황일 때가 많습니다. 그들은 제가 모두 해결해 줄 것으로, 믿고 싶어 합니다. 안 된다고 하면, 성의 없다고 비난하거나 척이 집니다. 홀대받았다고 느끼면, 나쁜 소문을 퍼뜨리기도 합니다.

민원인이 욕하고 화를 내더라도, '고맙습니다', '감사합니다', '잘 알아볼게요.' 인사하고 돌려보냅니다. 대중의 신뢰를 기초로 한다는 점에서, 정치인과 연예인은 비슷한 측면이 많은 것 같습니다.

사실 민원인에게 '알아보겠다'고 대답하지만 국회의원이 알아볼 수 있는 것은 한계가 뚜렷합니다. 해당 기관에 직접 전화할 수 없습니다. 모든 통화가 녹음됩니다. 해당 기관의 담당자를 만나려고 연락하면 곧바로 상급자에게 보고 됩니다.

국회의원 입장에서 '알아보는 방법'은 보좌진들을 통해 실무적 진행 상황을 확인하는 정도입니다. 보좌진은 확인한 것들을 성의껏 민원인에게 전달합니다. 민원인의 요청을 들어보고, 필요하면 의정정보시스템을 통해 공공기관에 자료 요청도 합니다.

이번 사건의 배경이 된 ○○○ 교수도 수많은 민원인들 중 한 명이었습니다. 봉사모임에서 만난 관계입니다. 저의 출판기념회에 참석했고, '후원하겠다'고 연락이 와서 만났습니다. 교육학을 전공한 교수이고, 수능 관련 책을 썼다고 해서 도움이 될 것 같았습니다.

검찰이 오해하는 그런 부정한 돈을 받지 않았습니다.

국회의원도 공무원입니다. 민원 활동을 금품과 연결하는 것은, 그 자체로 범죄행위입니다. 의정활동에 대한 오해입니다. 불법 자금을 수수하면 고위공직자로서 더욱 엄하게 처벌받는다는 것을 잘 알고 있습니다. 정치자금법에 정한 금액 이상의 후원금을 받으면 반드시 탈이 납니다.

4선 국회의원으로서, 정치활동 내내 떳떳하게 처신해 왔다고 자부합니다.

그런데 어느 날 갑자기 검찰이 저의 사무실과 주거지 등을 압수 수색했습니다. 저는 청탁 거절에 악심을 품은 부부가 '협박 수단으로 쓰기 위해 모아두었던 현장 대화와 통화 내용 녹음기록' 등을 이용해서, 없는 사실을 만들어 덮어씌웠을 줄은 꿈에도 생각하지 못했습니다.

저는 엄청난 정치적 타격을 입었습니다. '부패정치인'으로 낙인찍혔습니다.

언론은 검찰의 주장을 믿고, 제가 뇌물을 받았다고 대대적으로 보도했습니다. 제가 기자로서 올곧게 살았고, 4선 국회의원으로서 성실하고 청렴하게 살아온 것은 무시되었습니다. 저의 반론은 언론 기사 말미에 한두 줄 인용된 게 전부였습니다.

저는 이 사건이 정치인들의 처지를 극명하게 드러낸다고 생각합니다. 후일 억울함이 풀리더라도 실추된 이미지를 회복하기가 너무 어렵습니다.

〈부정청탁및금품등수수의금지에관한법률〉 제5조 제2항에는 직무의 성격상 같은 법을 적용하지 않고, 부정한 청탁에 해당되지 않는 경우를 규정해 두었습니다.

> 3. 선출직 공직자, 정당, 시민단체 등이 공익적인 목적으로 제3자의 고충민원을 전달하거나 법령 · 기준의 제정 · 개정 · 폐지 또는 정책 · 사업 · 제도 및 그 운영 등의 개선에 관하여 제안 · 건의하는 행위
> 4. 공공기관에 직무를 법정기한 안에 처리하여 줄 것을 신청 · 요구하거나 그 진행상황 · 조치결과 등에 대하여 확인 · 문의 등을 하는 행위
> 5. 직무 또는 법률관계에 관한 확인 · 증명 등을 신청 · 요구하는 행위

진행 상황을 알아보거나 정책, 혹은 입법 아이디어 등을 구하는 것은 국회의원의 정당한 직무 활동입니다.

때로는 하루에도 수십 명의 민원인들을 만납니다. 누구를 만났는지, 무슨 대화를 했는지 기억하기 힘듭니다. 민원 내용을 자세히 듣고 기록할 시간이나 상황이 되지 않습니다. 무언가를 부탁하면 보좌진들에게 연결해 줍니다.

선거 때가 되면 하루에 수십 건의 민원이 접수됩니다. 모든 보좌진들이 여기에 매달립니다. 그것들을 교통 정리하여 민원인에게 도움이 되고, 체면을 세

워주는 방향으로 정리했습니다.

인사에 관한 부분도 마찬가지입니다. 민원인 등이 인사에 관해 문의했을 때, '난 인사에 관여 안 해요.'라고 잘라 말하기 힘듭니다. 그러면 그들은 관계를 끊자는 것으로 받아들입니다.

기자 시절에는 늘 그렇게 말했습니다. 그래야 취재원과 거리를 유지할 수 있기 때문입니다.

그런데 국회의원은 그렇게 말할 수가 없습니다. 일단 '알아볼게요.'라고 말했습니다. 상대방의 체면이 상하지 않도록 잘 무마하는 것이 적절한 처신이라고 생각했습니다. 하지만 이번 일을 기화로, 국회의원으로서 좀 더 나은 처신이 무언지 고민하고 있습니다.

존경하는 재판장님, 거듭 말씀드리건대, 4선의 국회의원으로서 20년 가까이 한 번도 불미스러운 일에 연루되지 않았습니다. 한 치의 억울한 점이 없도록 공정하고 면밀하게, 그리고 세심히 잘 살펴주시기를 다시 한번 간곡히 부탁드립니다.

피고인 노웅래

검사독재정치탄압대책위원회 성명서

"이 정도로 확실한 증거들이 나오는 경우를 보지 못했다"

지난해 12월 28일, 한동훈 장관이 노웅래 의원 체포동의안을 요청하며 한 말입니다.

심지어 부스럭 소리가 난 것만 가지고도, "돈봉투 부스럭 거리는 소리다" 라며, '한동훈 표 관심법'을 사용하는 등 재판도 하기 전에, 이미 애초부터 범죄자로 낙인찍어 버리는 못된 검사의 선입견이 그대로 드러났던 장면입니다.

그런데, 그렇게 증거가 확실하다던 그 사건에 대해 정작 검찰은 3달이 다 되도록 기소조차 하지 않고 있습니다.

멀쩡히 국회에 출근하고 있는 현직 의원에 대해 증거 인멸과 도주 우려가 있다며 무리한 구속영장 청구에 출국금지까지 시키더니 막상 체포동의안이 부결되고 나니까, 이제 증거 인멸의 위험성이 사라진 것입니까?

그렇게 확실한 증거가 있다면 바로 기소하고 재판에 넘겨야 하는데도 왜 3달 동안 끌고만 있는 것입니까?

결국 검찰의 목적은 재판이 아닌, 구속에만 있었던 것입니다.

그러나 대한민국의 모든 국민은 누구나 불구속 상태에서 재판을 받을 권리가 있고, 무죄추정의 권리 역시 헌법에 보장되어 있습니다.

검찰의 사명은 죄를 입증하는 것이지, 무고한 사람을 인신구속 하는 것이 아닙니다. 들리는 말로는 이제 다른 혐의를 찾고 있다는 말까지 들립니다.

이 역시도 별건 수사를 금지하고 있는 검찰청법 위반입니다.

검찰은 더 이상 사안을 끌지말고, 죄가 있다면 빨리 기소를 하고 만약 혐의 입증이 어렵다면 국민앞에 사죄하고 사건을 종결시켜야 할 것입니다.

2023. 3. 16.

검사독재정치탄압대책위원회 상임위원장 박범계

박성준 대변인 브리핑

◎ **일시** : 2022년 11월 24일(목) 오전 10시 40분
◎ **장소** : 국회 소통관 기자회견장

■ 노웅래 의원 사건은 공수처가 수사해야 합니다.

검찰 수사가 국민의 신뢰를 잃은 지 오래입니다. 지난 9월 여론조사에서 검찰 수사가 불공정하다는 국민의 응답이 60%를 넘었습니다.

권력을 가진 사람과 없는 사람을 차별하는 검찰의 편파적인 수사 행태는 윤석열 정권의 상징이 되었습니다. 윤석열 정권 검찰의 수사는 '나에게는 관대하고 남에게는 엄격한' 편파 그 자체로 국민에게 인식되고 있습니다.

검찰은 노웅래 의원에 대한 사건을 공수처로 넘기십시오. 공수처장은 검찰에 이첩을 요청하기 바랍니다.

공수처법 제2조 1항에 따르면 '국회의원'은 고위공직자이고 국회의원에 대한 사건은 공수처가 수사할 수 있습니다. 검찰이 노웅래 의원에게 씌운 혐의 역시 공수처가 다뤄야 할 사안입니다.

검찰의 편파적인 수사 행태가 되풀이되고, 검찰 수사가 기획과 조작에 의한 것은 아닌지, 야당 파괴와 정적 사냥을 위한 것은 아닌지 국민의 의문이 커지고 있습니다. 죄가 있다면 달게 받을 것입니다.

하지만 생사람 잡는 것은 두고 볼 수 없습니다.

더불어민주당은 야당 탄압을 위한 표적 수사, 기획 수사, 조작 수사에 맞서 결백을 증명하겠습니다.

2022년 11월 24일

안호영 수석대변인 서면브리핑

■ 노웅래 의원에 대한 구속영장은 검찰의 부당한 정치 탄압입니다.

노웅래 의원에 대한 구속영장은 검찰의 부당한 정치 탄압입니다. 애초에 이번 수사는 수사를 빙자한 윤석열 검찰의 야당 탄압이라는 의혹이 짙습니다. 여론재판을 유도하려는 검찰의 피의사실 공표 역시 부당합니다.

더욱이 노웅래 의원은 그동안 성실하게 수사에 응해왔고 국회의원으로서의 의무도 정상적으로 수행해왔습니다. 노웅래 의원은 제1야당의 존경받는 4선 국회의원으로 결코 수사로부터 숨거나 도망칠 이유가 없습니다.

모든 국민은 형사 판결이 확정되기 전까지 무죄추정과 불구속수사가 헌법상 원칙입니다. 그간 노웅래 의원이 성실하게 수사에 응해왔음에도 구속영장을 청구하는 것은 다른 정치적 의도가 있다고 볼 수밖에 없습니다.

그런 점에서 검찰의 구속영장 청구는 정치 탄압이며 헌법상 원칙에 반하는 모욕이며 망신 주기입니다. 또한 야당 국회의원의 정당한 의정활동을 막아서려는 의도로 의심할 수밖에 없습니다.

더불어민주당은 노웅래 의원의 결백을 믿으며, 진실과 정의를 지키기 위해 함께 싸워나겠습니다.

2022년 12월 12일

더불어민주당 공보국

제34차 최고위원회의 모두발언

◎ **일시** : 2022년 11월 18일(금) 오전 9시 40분

◎ **장소** : 국회 본청 당대표회의실

■ 이재명 당대표

10.29 참사 희생자의 지인들이 참사 희생자를 따라서 극단적 선택을 하는 사례들이 이어지고 있습니다. 희생자, 그리고 부상자들, 거기에 더해서 희생자의 가족들에 대한 각별한 배려, 지원이 필요하다는 생각이 듭니다.

이번 외교 과정에서 참으로 아쉬운 점이 많이 드러났습니다. 외교의 기본은 우리의 국익을 중심으로 한 실용외교여야 합니다. 특히 주변 강대국들 간에 갈등이 격화될 경우에는 자칫 강대국 간 갈등의 희생물이 될 가능성이 있기 때문에 철저한 자기중심성을 가지고 실용외교적 접근을 해야 됩니다.

이번 외교에서는 '빈손 외교'를 넘어서서 아무 실익도 없는데다가 미국과 일본의 대중 압박 공세 전략에 일방적으로 편승하는 모양새를 띄면서 '일종의 자충수를 둔 것 아닌가'하는 생각이 듭니다. '어쩌면 국익을 위태롭게 하는 진영 대결에 장기 말이 된 것이 아닌가'라는 우려가 되고 있습니다. 앞으로 외교 전략에서 각별히 고려해야 될 점이라는 생각이 듭니다.

국토위 예산소위에서 정부가 삭감한 공공임대주택 예산을 원상복구 했습니다. 물론 앞으로 많은 과정들이 필요하고 정부의 동의가 있어야 하겠지만, 이러한 우리 국민들의 삶에 반드시 필요한 예산들은 민주당이 적극적인 노력으로 회복해나가겠다는 말씀을 다시 한번 드립니다.

금융취약계층에 대한 대환대출 지원, 그리고 주거취약계층에 대한 공공임

대와 같은 주거 지원, 임대보증금에 대한 이자 지원 같은 지원도 반드시 있어야 되겠습니다. 영세 자영업자와 소상공인을 위한 부실채권 인수, 그리고 채무조정도 꼭 해야 될 일입니다. 이 '세 가지 민생 회복을 위한 예산 지원 프로젝트'는 민주당이 끊임없이, 강력하게 추진해나가겠다는 말씀드립니다.

■ 박찬대 최고위원

검찰이 허위사실을 영장에 기재한 이유가 점입가경입니다. 정진상 실장이 이재명 변호사 사무장 출신이라는 명백한 허위사실을 버젓이 영장에 적시한 것에 대해 검찰이 해명했는데 그 내용이 가관입니다. 언론 보도에 따르면 검찰은 여러 언론에서 정실장이 사무장으로 근무했다는 이력을 보도했기 때문에 공지의 사실로 보고 영장에 기재했다고 주장했습니다. 객관적인 증거 수집을 안 한 자신들의 잘못을 언론 탓으로 돌린 것입니다. 그러나 이러한 검찰의 해명은 명백한 거짓입니다.

정진상은 지난 소환조사 당시 실제 근무한 회사의 4대 보험 서류를 비롯한 객관적인 증빙자료를 제시하며 해당 내용이 허위라고 명확히 반박한 바 있기 때문입니다. 그런데도 불구하고 검찰은 이를 무시하고 소환조사 후 반나절도 안 돼 사전 구속영장을 청구하며 기존의 허위사실을 그대로 반복해 적시했습니다. 기본도 되어있지 않은 검찰의 부실한 짜맞추기 수사, 막가파식 조작 수사의 단면을 적나라하게 드러내는 장면입니다. 거짓말이라는 것을 알면서 구속영장에 버젓이 적시한 검찰의 행위, 도저히 용납할 수 없습니다. 이야말로 허위공문서 작성 아니겠습니까?

윤석열 정권의 검찰은 검찰이기를 포기한 것 같습니다. 물증도 없이 신빙성 없는 진술에 의존해 우격다짐 수사를 하고 피의사실을 무차별 공표해 여론재판, 마녀사냥에 열을 올리고 거짓 사실을 영장에 적시해 국민을 속이고 있습니다. 대장동 관련해서 조건 없는 특검 거부를 한 것은 바로 이러한 조작 수사를 위한 것 아닙니까? 이런 터무니없는 정치 수사, 조작 수사는 검찰의 존재 이유를 부정하는 것이자 정권의 설 자리를 스스로 잃게 만드는 행위입니다.

윤석열 정권의 검찰이 하는 행태를 보면 정말 겁이 없습니다. 대통령과 부인 김건희 여사, 장모 최은순 씨 사건을 철저히 외면하고 야당과 전임 정부 관련 사건은 하루가 멀다 하고 압수수색하면서 탈탈 털어댑니다. 검찰은 이틀 전에 우리당 노웅래 의원의 국회의원 회관 사무실에 무려 28명을 투입해 대규모 군사작전 하듯이 압수수색을 했습니다. 역시 물증이 아니라 진술에만 의존한 압수수색이었고 그것도 정기 국회의 회기 중에 28명이나 되는 인원을 투입한 것은 정말 이례적인 과잉 수사입니다. 거기다 피의사실까지 무차별 공표하며 범죄자로 몰아가고 있습니다. 압수수색의 절차도 무시하고 있습니다. 헌법에서 얘기하고 있는 무죄추정의 원칙은 안중에도 없습니다. 죄가 있든 없든 오로지 지금 당장에 마구 두들겨 패서 정치적 타격만 입히면 된다는 막가파식 태도가 아니고 무엇이겠습니까?

윤석열 정권 출범 후 진행되고 있는 일련의 비정상적이고 비상식적인 검찰의 행태는 수사를 가장한 명백한 정치 탄압입니다. 검사 특별수사 핵심 전력인 서울 중앙지검 반부패 수사부 전체가 제1야당 관련된 수사에 올인하고 있습니다. 최소한의 균형도 없습니다. 서울 중앙지검 반부패 1부는 정진상 실장, 반부패 수사 3부는 김용 부원장, 반부패 수사 2부는 노웅래 의원을 담당하고 있습니다. 특히 반부패 수사 2부는 도이치모터스 주가 조작 수사 부서인데, 일

년 동안 수사를 중단한 채 지금 민주당 수사에 투입되었습니다.

과거 독재정권도 함부로 하지 못했던 행위를 윤석열 정권 들어 서슴없이 하고 있습니다. "과거의 어떤 정권도 이런 짓을 못했습니다. 겁이 나서. 근데 여기는 겁이 없어요. 보통은 겁나서 못합니다. 안 그렇습니까? 대통령 임기 5년이 뭐가 대단하다고. 너무 겁이 없어요, 하는 거 보면" 지난해 12월 29일 윤석열 후보가 한 말입니다. 마치 지금의 윤석열 대통령을 향해 스스로 한 말처럼 들립니다. 윤석열 정권의 검찰에게 윤석열 대통령의 말을 그대로 돌려드립니다. 검사가 수사권을 가지고 보복하면 그게 깡패지, 검사냐?

2022년 11월 18일

더불어민주당 공보국

제48차 최고위원회의 모두발언

◎ **일시** : 2022년 12월 21일(수) 오전 9시 30분
◎ **장소** : 국회 본청 당대표회의실

■ 이재명 당대표

오늘 눈도 내리고 날씨도 추운데 다들 고생이 많으십니다. 이렇게 춥고 힘들 때일수록 서민·약자들이 더 큰 고통을 받습니다. 지금 현재 대한민국 곳곳에서 위기가 아닌 곳을 찾기가 힘듭니다. 실질소득이 줄어들면서 투잡, 쓰리잡을 뛰어도 살림살이가 팍팍합니다. 아무리 발버둥쳐도 가족을 건사하는 것조차 힘에 부치는 국민들이 많습니다. 정치는 바로 그런 국민 곁에 존재해야 합니다. 내년도 민생이, 또 경제가 더 나빠질 것이라는 점에 대해서 이견이 없습니다. 모두가 알고 있습니다. 그런데도 정부는 할 수 있는 게 없다, 이런 태도를 계속 유지하고 있습니다. 당장 닥칠 이 명백한 위기에 대한 대책은 전혀 없고, 부도날 게 뻔한 미래의 공수표만 남발하고 있습니다.

고금리·고물가, 그리고 실업에 고통받는 국민의 현실을 직시하고 지금 당장 조금이라도 할 수 있는 일을 하는 것이 바로 정부가 할 일입니다. 지금 할 수 있는 것 제가 하나 직접 예를 들어 드리겠습니다. 초부자 감세할 돈, 그 돈 가지고 우리 서민금융지원 하면 됩니다. 초부자 감세할 돈으로 물가 지원금, 우리 국민들께 지원해 드려도 됩니다. 초부자 감세할 돈으로 노인 일자리 같은 공공 일자리 만들어서 당장의 심각한 실업에 대해서 조금이라도 대응할 수 있습니다. 마음만 먹으면 할 수 있는 일을 지금 당장 해야지, 앞으로 몇 년 후에 5만 불, 4만 불 하겠다 이런 이야기는 꿈과 희망을 주는 게 아니라 고통과 좌

절을 주는 일이 될 수도 있습니다. 때와 장소를 가릴 줄 아는 것도 능력입니다.

국민의힘이 오늘부터 국정조사에 복귀한다고 합니다. 마땅한 일입니다. 그러나 그 전에 국민의힘이 해야 할 일이 있습니다. 지금까지 국정조사를 방해하다시피 한 것, 희생자와 유족들에게 당내 인사들이 한 가혹하고 정말 용인할 수 없는 망언과 2차 가해에 대해서 사과하고 문책부터 해야 합니다. 정부여당이 이러니까 분향소 주변에서 극우 인사들, 정말 사람이라고 보기 어려운 사람들이 희생자와 유족들을 모욕하지 않습니까? 어떻게 그런 행위를 할 수 있습니까? 지금도 하고 있을 것입니다. 정부여당의 책임 회피, 진상규명 방해, 거기다가 참사 지우기, 이런 행태를 보이다 보니까 이들이 따라하는 것 아니겠습니까? 이런 독버섯을 자라게 한 온상, 국민의힘은 책임져야 합니다.

유족들의 깊은 고통, 절규가 들리지 않습니까? 먼저 인간이 되라, 이런 말이 있습니다. 국민의 고통, 생명과 안전에 대한 국가의 책임 그리고 국민의 피눈물, 여기에 공감하지 못하는 정권이면 이것은 패륜 정권입니다. 지금이라도 생명 안전 수호 책임을 다하지 못한 정부의 잘못을 인정하고, 대통령이 유족과 국민에게 공식적으로 사과해야 합니다. 그리고 이상민 장관 파면, 관련자 엄중 문책, 지금 당장 시행해야 합니다.

대통령실이 국정과제 점검회의의 리허설 영상 공개와 관련해서 YTN에게 사과·책임자 문책을 요구했다고 합니다. '날리면' 시즌 2 시작하는 것입니까? 누가 봐도 언론에 대한 겁박이자 탄압입니다. 언론 재갈 물리기법 같은 것을 강행하면 민심의 바다에 분노의 물결이 일 것입니다. 이것은 제가 드린 말씀이 아니고, 대통령이 후보 시절에 한 발언입니다. 그대로 돌려드립니다. 국민의 눈과 귀를 가릴 수 있다고 믿는 것은 착각입니다. 국민과 역사 앞에 겸손해지시기 바랍니다.

■ 서영교 최고위원

검찰의 무모한 행태가 도를 넘어서고 있어서 지적하고자 합니다. 조금 전 박찬대 최고위원이 말씀하신 것처럼 김웅 국힘당 국회의원과 손준성 검사의 고발 사주 관련한 수사가 진행되고 있었습니다. 엄청난 사건이 일어났다는 것이 이번에 발각됐습니다. 손준성 검사에게 고발사주 고발장을 전해준 것으로 얘기되고 있는 대검수사정보관실에 임 모 검사의 증거 인멸 상황을 제가 낱낱이 밝혀 보도록 하겠습니다.

이와 관련해서 수사가 진행되자, 21년 9월 2일 대검수사정보관실의 임 모 검사는 고발사주 의혹 보도가 나오자 10일 전에 교체했던 컴퓨터의 하드디스크를 다시 교체했다고 합니다. 이 사람들이 누구냐 하면, 손준성 검사의 고발사주 관련해 고발장을 전달했다고 하는 대검수사정보관실의 임홍석 검사입니다. 검찰 안에서 증거 인멸을 하고 있는 것입니다. 10일 전에 교체했던 하드디스크를 다시 교체하고, 9월 7일에는 텔레그램과 카카오톡 대화 내역을 모두 삭제했다고 합니다. 9월 17일 검찰 조사를 받기 전에는 통화내역과 텔레그램 비밀채팅방을 삭제했다고 합니다. 그리고 9월 21일에는 포렌식을 하면 다 복구되니 복구가 안 되는 안티포렌식 앱을 스마트폰에 설치해서 복구를 방해했다고 합니다. 그런데 나중에 이것이 복구되자 깜짝 놀랐다고 합니다. 이에 대해 증언하는 당시 전 수사관의 얘기는 "밤 8시가 넘는 시각에 검찰들이 PC를 분리해서 작업하는 것은 아주 이례적입니다"라고 해서 낱낱이 공개된 내용입니다.

검찰들은 자신들이 수사를 받게 되니까 국힘당 선거에 개입하게 되고 그 선거의 개입에 검사가 고발장을 사주하게 되고, 고발장을 전달한 검사를 수사하려고 하니 있는 모든 것을 삭제하고 안티포렌식 앱까지 설치했다고 합니다. 이런 검찰 공정합니까? 이런 검찰 전부 잡아넣어야 되는 것 아닙니까? 검찰 체포 영장 발부해서 전부 잡아넣어야 하는 것 아닙니까? 검사가 그동안 해오던 윤석열식 검사의 방식 아닙니까? 그런데 왜 자신들의 검사는 다 보호하는 것입니까? 다 삭제한 사람들이, 이와 관련한 김웅 의원 등등 관련해서 불기소 처분하는 세상이 공정한 것입니까? 있을 수 없는 일이라고 말씀드리겠습니다.

더불어민주당 노웅래 의원 관련해서는 어떠한지 말씀드리겠습니다. 노웅래 의원에게 돈을 줬다는 여성이 있습니다. 방으로 초콜릿 상자에 돈을 넣어왔다고 해서 이것을 본 노웅래 의원이 바로 돌려보내면서 영수증까지 처리해서 받았다는 거 아닙니까? 택배로 보내고 돌려준 사람이 또 돈을 받겠습니까? 말이 됩니까? 여태껏 그렇게 살아오지 않은 노웅래 의원입니다. 돌려주고 확인까지 하고 노발대발했습니다. 그런데 다시 돈을 받았다며 검찰이 노웅래 의원 집·사무실·국회 모두 다 압수수색했습니다. 조폭이 쳐들어오듯이 압수수색했습니다. 압수수색하면서 그 집에 돈다발이 있다고 얘기했습니다. 그런데 그 돈은 압수수색 영장에 있지 않은 내용입니다. 그래서 그것을 압수수색한 것은 불법이라고 말씀드립니다.

조폭처럼 들어왔던 그들이 왔을 때 했던 내용이 사진에 남아 있습니다. 사진을 보면 노웅래 의원에게 들어온 조의금·축의금 등등의 봉투가 높게 쌓여 있습니다. 이 봉투에서 돈을 다 꺼낸 것입니다. 꺼내서 쌓아뒀습니다. 그리고 쌓아서 마치 현금다발을 받은 것인 양, 중요한 것은 압수수색 영장에 들어 있지 않은 내용이라 불법이라고 말씀드립니다. 마치 이 내용을 가지고 불법인 것처럼 떠들면서 압수수색하고 체포 영장을 발부한 것입니다. 그런데 이번 체포 영장에는 이 내용이 들어있지 않습니다. 왜? 이것은 그들이 말하는 불법내용이 아니기 때문에. 피해사실 공표하고, 조폭처럼 들어와서 하고.

제가 마지막으로 이 얘기를 드리겠습니다. 책상 위에 다리를 떡 올리고 윤석열 당시 검찰총장이 얘기한 것입니다. "눈에 뵈는 게 없냐"라며 검사들을 향해서 얘기했다는 것, 그리고 자기 대통령 선거를 위해 열심히 뛴 당대표에게는 '이 새끼, 저 새끼', 저는 '새끼'라는 말을 써본 적이 없습니다. 윤석열 대통령이 '이 새끼, 저 새끼' 했다고 하니 제가 자꾸 입에 담게 됩니다. 저도 담고 싶지 않은 얘기입니다. 그리고 미국에 가서는 '이 새끼들이 승인을 안 해주면 바이든이 쪽팔려서 어떡하냐'는 얘기를 한 것 아닙니까? 이 사람이 검사 맞습니까? 아니면 조폭보다 더한 사람입니까? 어느 분이 조폭 정권이라고 얘기했는데, 조폭 정권 아닌가 말씀드리면서 이 부분에 대해서 국민들께서 낱낱이 평가해 주시라고 말씀드리겠습니다.

2022년 12월 21일

더불어민주당 공보국

제52차 최고위원회의 모두발언

◎ **일시** : 2022년 12월 30일(금) 오전 9시 30분
◎ **장소** : 국회 본청 당대표회의실

■ 이재명 당대표

국민 여러분, 그리고 당원 동지 여러분. 올해 정말 다사다난했던 한 해였습니다. 새로운 한 해가 희망으로 가득하기를 바라지만 민생도, 경제도, 한반도의 평화도, 민주주의도 모두 위기여서 참으로 걱정되기는 합니다. 그러나 아무리 상황이 어려워도 우리가 힘을 합쳐서 서로 보듬어 주고 함께 손잡고 나아가면 더 나은 세상, 더 나은 내일을 만들 수 있을 거라고 확신합니다. 오늘 마지막 최고위원회의를 진행합니다. 올해의 마지막 최고위원회의가 될 것 같습니다.

세밑 한파만큼이나 민생경제가 어렵습니다. 특히 검사 정권의 폭력적 정치보복 때문에 민주주의는 민주화 이후 최대 위기에 직면했습니다. 평화가 위협받고 있지만 안보 무능 정권·남탓 정권은 전쟁 불사를 외치는 철부지 행동을 하고 있습니다. 민주당은 총체적 위기에 놓인 국민의 삶을 지키기 위해서 다시 한 번 결의를 굳게 다지겠습니다. 민생경제와 민주주의, 평화 모두를 망가뜨린 정권에 강력하게 맞서겠습니다. 국민께 희망과 용기를 드리는 정치, 삶의 문제를 해결하는 유능한 정치를 펴나가겠다는 말씀드립니다.

정부가 정말로 충격적인 안보 참사에도 전혀 반성하지 않고 있습니다. 수도 서울의 상공이 일곱 시간이나 북한 무인기에 유린된 사태가 벌어졌는데도 사과는커녕 적반하장격으로 전임 정부 탓만 또 늘어놓고 있습니다. 추가 도발이

우려되는 상황에서도 NSC를 여는 것이 아니라 한가롭게 만찬을 연 정부입니다. 입이 열 개라도 할 말이 있는지 묻고 싶습니다. 더 기 막히는 일은 대통령 입에서 '확전', '전쟁' 이런 위험천만한 말폭탄들이 쏟아지고 있다는 것입니다. 국민과 나라를 지켜야 하는 국군 통수권자로서의 최소한의 책임감도 느끼지 못한 발언입니다. 그런다고 해서 안보 무능이 감춰지지가 않습니다. 안보 참사 책임을 회피하자고 위기를 부채질하면 안 됩니다. 국정 최고 책임자로서 국민의 생명을 위협하는 무책임한 언행, 삼가시기 바랍니다.

민생경제가 끝없는 침체의 늪으로 빠져들고 있습니다. 고물가로 국민의 실질임금은 7개월 연속 뒷걸음질 쳤습니다. 소비심리도 꽁꽁 얼어붙었습니다. 업종 구분 없이 기업들마다 희망퇴직 소식이 줄을 이을 정도로 고용 시장도 찬바람입니다. 특히 민생의 핵심인 서민 주거 안정이 크게 위협받고 있습니다. 최근 무주택 서민들에게 큰 피해를 입히는 전세 사기 사건들이 잇따릅니다. 부동산 침체 가속과 고금리로 앞으로 유사 사례들이 재발할 가능성이 매우 높습니다. 부동산 양극화 조장에만 골몰하지 말고, 무주택 서민 보호에 역량을 집중할 것을 촉구합니다.

정부여당의 몽니로 핵심 일몰법 처리가 난관에 봉착했습니다. 민생이 더없이 어려운 이때에 어떻게 이렇게까지 국민 생각을 눈곱만큼도 안 하는지, 참으로 개탄스럽습니다. 그런데 민생은 이렇게 방치해 놓은 여당이 사고 당협에 대통령의 검사 심기에는 진심입니다. 국민의 삶이야 어찌 되든 권력 장악에만 혈안인 모습입니다. 부디 그런 노력의 백분의 일이라도 민생을 챙기는 데 쓰시기 바랍니다.

■ 정청래 최고위원

임인년 한 해가 저물어갑니다. 오늘 TBS 교통방송 '김어준의 뉴스공장'이 문을 닫았습니다. 6년 3개월 동안 역대급 청취율 1위의 국민방송이었습니다. 사실상 언론탄압으로 강제로 공장 문을 폐쇄한 것입니다. 오늘 진행된 '뉴스공장' 마지막 방송 유튜브 동시 접속자는 10만 명을 넘었습니다. 이런 인기 있는 뉴스 프로그램을 다시 볼 수 없게 되었습니다. 칼로 흥한 자, 칼로 망한다고 했습니다. 국민의 입을 막는 자, 반드시 그 입으로 망할 것입니다.

김경수 전 도지사 사면처럼 저도 받고 싶지 않은 선물, 윤석열 대통령의 연하장을 받았습니다. 이것입니다. 놀랍게도 이 연하장은 '셔터스톡' 홈페이지 해외 이미지를 베꼈다는 논란에 휩싸였습니다. 한번 보시겠습니다. 여러분 보십시오. 여기에 사용된 이미지가 육안으로 얼핏 봐도 베꼈다는 의혹을 사기에 너무도 충분합니다. 제가 가보니까 이것은 무료 다운 받을 수 있는 홈페이지였습니다. 해외 이미지를 베꼈다는 논란에 휩싸인 대통령 연하장입니다. 일종의 가짜 연하장인 셈입니다. 일국의 대통령 연하장이 베끼기, 표절 논란에 휩싸인 것입니다. '멤버 유지(Member Yuji)' 논문 표절과 흡사한 연하장 표절 논란입니다. 가짜 정권, 표절 정권, 베끼기 정권의 민낯을 봅니다. 대통령 연하장까지 이렇게 베꼈다면 국민들은 쪽팔려서 어떡합니까.

올 한 해 국민 여러분 정말 고생이 많았습니다. 5년마다 12월에 치러지던 대선이 박근혜 탄핵으로 올봄에 치러졌습니다. 희망의 봄날 대선이어야 되는데 결과는 혹독한 겨울을 예고하고 진행 중입니다. 대통령의 뜬금없는 점괘였는지, 뜬금없이 청와대를 용산으로 옮기고 대한민국에 각종 참사가 줄을 이었습니다. 대통령의 욕설 외교 참사, 민생파탄 경제 참사, MBC 대통령 전용기 탑승 배제, YTN 돌발영상 탄압까지 언론자유 참사가 벌어졌고 10.29 이태원 참사,

노동 탄압 참사까지. 그리고 최근에는 북한 무인기가 대한민국 영공을 침범해도 넋 놓고 지켜봐야 하는 국방 참사까지 이어졌습니다.

'야당 탄압, 정적 죽이기' 정치 참사는 윤석열 정권 출범 이후 지금까지 계속되고 있습니다. 대선 때 경쟁자였던 야당 대표를 느낌과 주의, 주장, 기억의 죄로 기소했고 경찰이 이미 무혐의 처분한 성남FC 건으로 무리한 출석 통보까지 하고 있습니다. 야당 탄압하고 성공한 대통령을 저는 본 적이 없습니다. 결코 말로가 좋지 않을 것입니다. 그렇게 탄압하려면 차라리 공기를 탄압하고 흔들리는 갈대를 구속하십시오.

노웅래 의원 체포동의안이 압도적 표차로 부결되었습니다. 불구속수사, 불구속재판, 증거재판주의가 원칙입니다. 당연히 부결되어야 할 사안이었지만 한동훈 장관의 미운 일곱 살 어린아이 같은 오기가 더욱 표를 결집하게 만들었습니다. 그런 면에서 역설적이게도 한동훈 장관의 공이 매우 컸습니다. 땡큐, 한동훈.

윤석열 정권의 출범으로 역대급으로 낮은 대통령 지지율, 자유를 외치지만 자유 대신 탄압, 공정 대신 불공정, 정의 대신 불의가 판치는 '역류 정권'을 우리는 보고 있습니다. 이런 정권은 오래 못갑니다. 오늘 없어지는 '김어준의 뉴스공장'이지만 이런 탄압에는 반드시 반작용의 분노가 조직되게 되어있습니다. 앞으로 더 많은 '뉴스공장'을 탄생시킬 것입니다. 머지않아 그렇게 될 것입니다. 정권과 국민이 싸우면 반드시 국민이 이깁니다. 정권은 짧고 국민은 영원합니다. 국민은 반드시 승리할 것입니다. 정청래 생각이었습니다.

■ 임선숙 최고위원

한동훈 법무부 장관은 치외법권적 존재입니까? 법 위에 군림해도 되는 존재로 생각하는 것입니까? 한 장관이 관련된 세 가지 사건을 마주하며 드는 의문입니다.

첫 번째, 한 장관은 28일 국회 본회의에서 노웅래 의원에 대한 체포동의안 요청 이유를 설명하면서 국회가 법정이라도 되는 듯 검찰이 확보했다고 주장하는 증거의 구체적 내용들을 장황하게 드러냈습니다. 마치 특수부 검사가 국회의원을 범죄자로 확정 짓고 수사 결과를 발표하는 듯 한 행동이었습니다. 본회의에서 체포동의안을 설명하는 것은 국민에게 공개되는 절차이기 때문에 함부로 피의사실을 공표되지 않도록 절제할 의무가 있습니다. 한 장관은 노골적으로 이를 무시한 것입니다. 피의사실공표이자 공무상비밀누설이라고 볼 수 밖에 없습니다.

두 번째, 더탐사 취재진이 한 장관 거주지를 찾아가 누른 초인종을 누른 행위가 공동주거침입행위라고 합니다. 공동주거침입죄 등으로 사무실과 기자들의 자택 등에 대해서 8번의 압수수색을 실시하고 구속영장까지 신청했지만 기각됐습니다. 2019년 TV조선 기자 2명이 조국 전 장관 딸의 집을 찾아가 초인종을 누르며 소란을 피운 사건에서 검찰은 2년 9개월 동안 질질 끌다가 올해 7월 벌금 200만원의 약식기소에 그쳤습니다. 비슷한 공동주거침입 사안에서 비례성도, 형평성도 무시한 수사 대응은 현직 법무부 장관이 고소인이기 때문입니까? 현직 법무부 장관을 위해 법치의 기본 원칙이 무시되고 수사권이 남용되고 과잉 수사가 진행되고 있습니다.

세 번째, 윤석열 대통령과 한동훈 장관의 기묘한 만남입니다. 윤 대통령 검찰총장 시절 재판부 사찰문건 작성과 채널A 수사 및 감찰 방해 등을 이유로 정직 2개월의 처분을 받고, 징계 취소소송을 제기했습니다. 그렇지만 징계 사유가 인정되어 1심에서 패소 판결을 받았습니다. 현재 진행 중인 항소심 재판에서 윤석열 대통령과 한동훈 법무부 장관이 원고와 피고로 만났습니다. 윤 대통령이 법을 위반하면서까지 보호하려 했던 한동훈 법무부 장관이 피고가 된 것입니다. 한 장관이 이 사건 관련해서 맨 먼저 한 일은 1심에서 승소한 대리인 변호사들을 돌연 해임하고 정부법무공단으로 교체한 비상식적 결정입니다. 한동훈 법무부 장관이 정치적 공동체이자 상호 보호자 관계에 있는 윤석열 대통령을 위해 패소할 결심을 한 것이 아니라면 할 수 없는 행동입니다. 이 사건은 윤석열 원고와 피고 한동훈 법무부 장관이 깊숙한 이해관계가 있을 뿐 아니라, 한동훈 장관 자신이 관여된 사건이기도 하기 때문에 한동훈 법무부 장관을 대신해 윤석열 대통령과의 소송을 진행할 특별 대리인의 선임이 반드시 필요합니다. 모든 국민은 법 앞에 평등합니다. 누구보다도 법을 지키고 수호해야 할 자들이 자신의 이익을 위해 주거니 받거니 법을 왜곡하고 자의적으로 법을 적용하고 있습니다. 사적 이익을 지키기 위한 법치주의 농단은 국민의 강한 심판대에 오를 것입니다.

올해는 우리 사회가 그동안 쌓아온 민주적 가치와 법치주의가 심각하게 퇴행하는 것을 목도하면서 좌절감이 들기도 했던 한해였습니다. 민주주의는 우리가 살아가는 방식입니다. 새해에는 민주적 가치가 제대로 실현되고, 그 안에서 국민의 삶이 평안하기를 기대합니다. 다가오는 새해 복 많이 받으십시오.

체포동의안 부결을 위한 본회의 신상 발언문

존경하는 김진표의장님과 선배 동료의원 여러분!

노웅래 의원입니다.

이유를 불문하고 선배 동료 의원님들께 누를 끼치게 돼서 정말 죄송합니다.

거듭 말씀드리지만 저는 부정한 돈, 받지 않았습니다.

양심껏, 구설 없이 의정활동을 해왔습니다. 그런데 하지도 않은 일로 범법자로 몰리니, 정말 억울합니다.

선배 동료의원 여러분!

어제 검찰이 국회 본관 서버를 또다시 압수 수색했습니다. 국회를 자기 집

안방 드나들 듯합니다. 검찰은 지금 국회 표결에도 직접 영향을 미치겠다고 난리를 치고 있습니다.

영장 시한이 다음 달 4일까지인데도, 굳이 표결 전날, 압수수색을 강행했습니다.

국회에 대한 기본적 예의나 존중도 없습니다. 완전한 국회 무시이자, 국회 유린입니다. 아무리 검찰 힘이 세다고 해서 이러면 안 됩니다.

존경하는 선배 동료의원 여러분!

집에서 나온 돈, 부정한 돈 아닙니다. 검찰은 봉투째 든 돈들을 모두 꺼내서 돈다발로 만들었습니다.

여기 증거 사진이 그대로 있습니다.

한마디로 검찰이 만든 작품입니다. 뇌물 받은 것처럼 언론플레이해서, 재판도 하기 전에 저를 범법자처럼 만들었고, 저는 만신창이가 되었습니다. 뿐만 아니라 검찰은 이틀이 멀다하고 불법 피의사실 공표를 하고 있습니다. 제가 뭐라고 해명해도 소용없습니다.

선배 동료의원 여러분!

검찰은 제가 '고맙다'는 답변 문자를 했고, 녹취 파일도 가지고 있다고 언론에 흘렸습니다. 그러나 저는 소환조사에서 그와 같은 문자 내용도 녹취록도 전혀 듣지도 보지도 못했습니다.

한번 조사 조차 안해놓고는, 갑자기 체포동의안 표결을 앞두고 녹취록이 있답니다. 이것은 제 방어권을 고의로, 그리고 악질적으로 무력화 시킨 것이고 녹취록이 진짜 존재하는지 조차 의심되는 상황입니다.

보통 의례적 인사로 '고맙다'고 합니다. 그런데 검찰은 '고맙다'는 건 돈을 받은 거랍니다. 제 말을 고의적이고 악질적으로 왜곡시켰습니다.

돈을 줬다는 사람조차도, "의원회관에 몰래 돈을 놓고 갔다가, 제가 난리난리를 치면서 돌려줬다"라고 이미 수 차례 언론 인터뷰를 했습니다.

줬다는 사람도 돌려받았다고 하고, 증인까지 있는데도, 검찰은 마치 제가 돈을 받은 것처럼 그럴 듯 하게 꾸며 언론플레이를 하고 있습니다.

이건 사람 잡는 수사지, 결코 정상적인 수사가 아닙니다.

선배 동료의원 여러분!

검찰의 체포동의안 청구, 부당합니다. 혐의가 소명된 것이 전혀 없습니다. 과거 체포동의안은 혐의 소명이 되거나 본인이 인정할 경우에 청구되었습니다.

그러나 저는 검찰의 일방적 주장만으로 청구되었습니다. 제가 정당하게 방어할 기회를 주십시오. 저는 증거인멸, 도주 우려가 전혀 없습니다.

2, 3년 전 일입니다. 무슨 증거가 남아서 증거인멸을 하겠습니까? 현역의원이 무슨 도주우려가 있다는 것입니까? 이미 소환조사도 받았고 앞으로도 적극적으로 검찰 수사에 응할 것입니다.

혐의 소명도 안 된 검찰 주장만 가지고 체포동의안을 통과시켜 주는 일은 없어야 합니다.

존경하는 선배 동료의원 여러분!

21년 기자 생활과 양심껏 한 국회의원 4선, 제 신앙의 믿음을 걸고 저 결백

합니다.

반드시 무죄를 입증하겠습니다. 국회의원은 청탁받지 않는다, 돈 받지 않는다는 믿음을 반드시 입증해 내겠습니다.

정당하게 해명할 수 있는 기회를 주십시오. 제가 살아온 삶 자체가 부정되지 않도록 지켜주십시오.

감사합니다.

2022년 12월 28일

노웅래 의원, YTN 인터뷰

노웅래 "돈봉투 부스럭? '칙칙' 잡음을 입맛대로 가공…증거 능력 없어"

◎ **방송일시** : 2023년 7월 26일 (수)

◎ **진행** : 박지훈 변호사

◎ **출연자** : 노웅래 더불어민주당 의원

◎ **작성자** : ytnradio

◇ **박지훈 변호사(이하 박지훈)** : 이상민 행정안전부 장관에 대한 탄핵이 기각이 되자 국민의힘에서는 "민주당이 석고대죄해야 한다. 이태원 특별법 모순이라면서 입법 추진 멈춰야 한다." 주장을 하고 있습니다. 민주당 입장 들어보겠습니다. 더불어민주당 노웅래 의원 스튜디오 나와 계십니다. 안녕하십니까.

◆ **노웅래 더불어민주당 의원(이하 노웅래)** : 네, 안녕하세요. 노웅래입니다.

◇ **박지훈** : 오랜만에 뵙는 것 같습니다. 이상민 행정안전부 장관 탄핵이 기각이 됐습니다. 재판관 전원일치로 기각이 됐는데요. 지금 대통령실에서는 탄핵 소추권을 지금 민주당이 남용한 것 아니냐, 국민의 준엄한 심판을 받게 될 것이다라고 얘기를 했습니다. 어떻습니까?

◆ **노웅래** : 준엄한 심판을 누가 받을지 한번 보자고요. 이번 총선 결과를 보고 판단해야 할 것 아니겠습니까. 먼저 159명의 무고한 생명 앗아간 참사의 책임은 인정한 거고요. 그렇지만 중대한 법률적인 그리고 헌법 위반은 아니

다라고 결론을 내린 것 아닙니까. 그러니까 참사 책임은 인정하되 법적으로 파면까지는 아니다 하는 얘기인데 그러면 누가 책임을 져야 되는 건지 한번 묻고 싶은 거고요. 인재에 대한 책임에 대해서는 결코 면죄부를 준 것은 아니다라고 이건 말씀드릴 수 있겠습니다. 국회는 이 사회적 재난 발생에 대해서 책임을 물어서 해임 건의안을 가결시킨 것 아닙니까. 그런데도 이걸 거부하고 6개월간의 국정 공백 상태를 자초한 윤석열 대통령의 무책임하고 그리고 국민 무시하는 국정 운영에 근본적인 책임이 있다 하는 것을 재확인한 사건이다. 이렇게 볼 수 있습니다.

◇ **박지훈** : 국민의힘에서는 민주당이 '탄핵병'에 걸린 것 아니냐. 그래서 이번 재난에서도 결국은 이상민 장관이 일을 못하게 된 것 아니냐 이런 얘기도 하거든요. 탄핵병

◆ **노웅래** : 탄핵병. 그러니까 지금 정권 잡아놓고서는 야당 탓, 문재인 탓 그리고 야당 탓, 남의 탓. 이게 내로남불 위선 아닙니까. 잘못했으니까 정권 뺏긴 거 아닙니까. 그렇다면 자기들이 책임지고 하는 거지 전부 야당 탓이고. 아니 국회에서 할 수 있는 게 159명이나 무고한 생명이 생명을 앗아갔다면 당연히 해임 건의안 해서 제출해서 통과시켰으면 그게 다 국민의 이름으로 그거에 대해서 응답을 해야 하는 게 대통령 아닙니까. 그런데 그거 안 하고 6개월간 국정 공백 해놨다면 이거는 결국에는 대통령의 책임이 있다. 근본적인 책임이 있다. 이렇게 볼 수 있는 것이죠.

◇ **박지훈** : 이 판결 지금 헌재 판결 나왔는데 앞서서 이태원 참사 특별법이 지

금 이른바 패스트트랙에 올라가 있습니다. 앞으로 일정 기간이 지나면 그 법을 처리를 할 수도 있는데 이렇게 탄핵이 기각됐기 때문에 그 법 처리에 대해서도 조금 탄력을 받기 어렵지 않느냐. 이런 분석도 있습니다.

◆ **노웅래** : 그것보다는 이건 탄핵이 기각이 됐기 때문에 더더군다나 특별법 처리가 더 중요해졌다고 할 수 있습니다.

◇ **박지훈** : 오히려 해야 된다. 이렇게 보십니까?

◆ **노웅래** : 왜냐하면 큰 재난사고가 났으면 책임자 처벌과 사후 대책 아닙니까. 재발 방지책이죠. 그런데 책임자 처벌이 안 됐다면 그러면 이제는 재발 방지책을 마련해야 하지 않습니까. 그런 의미에서 이 참사가 근본적으로 막기 위해서는 왜 이런 참사가 생겼는지 구조적 원인을 찾아내서 재난 방지책을 마련해야 되는 것 아닙니까. 그런 측면에서 이태원 참사 특별법의 내용과 그 취지를 담고 있는 것이고요. 그렇다면 누가 어떤 명분으로 이 법을 막을 수가 있겠습니까? 우리 민주당, 정의당 등 우리 모든 야당 힘을 합쳐서 반드시 통과시켜 차질 없이 추진하겠다 하는 말씀을 분명하게 드립니다.

◇ **박지훈** : 여당에서는 그런데 이게 어쨌든 간에 탄핵이 되지 않았잖아요. "법 위반은 없었는데 그런데 특별법 만드는 거 모순 아니냐. 추진 멈춰야 한다." 이렇게 주장을 하거든요.

◆ **노웅래** : 추진 멈춰야 한다. 그러면 그러면 결국에는 사후약방문도 안 하겠다

는 거 아니에요. 소 잃고도 외양간 안 고치겠다. 이거야말로 사실상은 지금 여당은 심지어는 "총선용으로 이거를 국가적 재난을 장사해 먹으려는 게 아니냐." 이렇게 얘기했는데 정말 국민의힘이야말로 이거를 사실상 저는 지난 총선에서도 그랬지만 이게 국민의힘이야말로 이거를 재난 대책을 마련하지 않으려고 한다는 국민의힘이야 말로 재난으로 장사를 해 먹는 것 아니냐. 이렇게 되묻고 싶은 거고요. 적어도 국민의 생명과 안전에 관한 관련된 문제라면 국회가 아무리 쌈박질 하는 국회라고 하더라도 적어도 이런 건 하나된 모습으로 국민만 보고 이거는 해내야 된다. 이렇게 봅니다.

◇ **박지훈** : 그런데 사실 특별법이 통과가 돼서 조사를 하게 되면 결국은 지금 정부 쪽이나 여당 쪽이 피해를 입게 되는 건 사실이잖아요. 그렇게 되면 총선에는 유리할 수밖에 없지 않나요?

◆ **노웅래** : 그건 국민들이 판단하시겠죠. 기계적으로 이렇게 판단할 문제는 아닐 거라고 봅니다. 국민들이 이제는 그렇게 호락호락하지 않지 않습니까. 국민들이 판단해 주실 거다. 이렇게 봅니다.

◇ **박지훈** : 방금 이태원 참사 얘기도 했지만 이번에 있는 오송 지하차도 참사 관련해서 김영환 충북도지사, 또 이범석 청주시장, 이 사람들도 조사를 그렇게 받지 않는 것 같아요. 또 지금도 실무진 경찰이나 행복청(행정중심복합도시건설청) 이런 소방, 이런 수사가 시작되고 있는 것 같거든요. 이 부분은 어떻게 보십니까?

◆ **노웅래** : 그러게요. 근본적으로 책임을 질 사람이 책임을 지는 게 맞는 거 아닙니까? 그래야지 공무원들도 일할 맛이 나는 거 아니에요? 새 빠지게 일하고 책임지라고 그러면 그러면 누가 힘 빠져서 일할 수 있겠습니까? 그러니까 몸통은 빼고 깃털만 건드리겠다. 이런 것밖에 안 되는 거고요. 꼬리 자르기 이렇게밖에 안 보이는 거죠. 권한이 있으면 책임이 따르는 거 아닙니까. 끝까지 책임지는 그런 무한 책임이 헌법에도 헌법 7조에 규정돼 있는 것 아닙니까. 그런데 자기가 임명하고 관리하는 공무원이 잘못했다. 그러면 누가 책임을 져야 됩니까? 그렇다면 이런 일이 사전에 일어나지 않도록 관리감독할 책임이 있는 도지사, 시장 먼저 책임져야 되는 거 아닙니까? 그래야지 일할 맛이 나는 거죠. 그러니까 윤석열 정부 적어도 책임을 제대로 물을 의지가 책임을 질 의지가 없다. 이렇게 보이기 때문에 이런 식이라면 공무원들 일 안 합니다. 힘 빠져서. 그래서 사실상은 이런 식이라면 공무원들 솔선수범해서 일할 이유가 없다. 이렇게밖에 안 보이는 거죠.

◇ **박지훈** : 그런데 김영환 지사 같은 경우는 "일찍 가서도 바뀔 게 없다." 이렇게 또 해명을 해서 좀 논란이 되기도 했었고 또 참사 당일 날 괴산에 있는 자신의 땅을 찾아가서 논란이 되기도 했었거든요. 여당에서는 또 지금 폭우 때 골프 친 홍준표 시장 징계도 한다고 하면서 김 지사에게는 별로 없습니다. 민주당에서는 김영환 지사 어떻게 보고 있습니까?

◆ **노웅래** : 김영환 지사는 우리 전에 과거 같이 우리 민주당에서 일도 하셨는데 입이 좀 가벼운 그런 면이 있으신 거죠. 그러니까 김영환 지사 이렇게 제대로 파악도 업무 파악이 안 된 건데 눈병 났는데 피부과 가는 셈인 거 아

닙니까, 결국에는. 그러니까 나사가 빠져도 한참 빠진 거죠. 그러니까 이거는 염불에 마음이 없고 잿밥에 마음이 있는 식으로 이렇게밖에 안 보이는 건데. 이게 설령 10명 이상이 목숨을 앗아간 오송 지하차도는 현장을 놔두고 괴산 현장을 갔다.

◇ **박지훈** : 그 괴산에 본인의 땅이 있기는 한데 그건 우연히 일칠 수도 있고요.

◆ **노웅래** : 여러 가지 하여튼 그런 오해받을 짓을 한 거 아닙니까? 이러면 볼장 다 본 거라고 저는 이렇게 보고요. 저는 한마디로 이건 '그 대통령의 그 도지사다.' 이렇게 보요고. 수해 났는데 우크라이나 가는 건 뭐고 그리고 사람 10여 명 죽은 지하차도는 놔두고서는 멀쩡한 그런 현장에 거기도 현장은 현장이지만 가는 거 이거는 도진개긴 아닙니까. 안타깝고 우리 국민만 불쌍하다. 이렇게 보입니다.

◇ **박지훈** : 윤석열 대통령 얘기를 하셨는데 윤석열 대통령이 산사태 현장은 갔잖아요. 그런데 오송 지하차도를 방문하거나 거기에 대한 얘기는 안 했던 것 같아요. 메시지를.

◆ **노웅래** : 그거 뻔한 거죠, 뭐.

◇ **박지훈** : 왜 그런 겁니까.

◆ **노웅래** : 산사태는 자연재해 성격이 큰 거 아닙니까. 책임질 일 없는 거고 오

송 지하차도는 이건 명백한 인재니까 책임져야 되는 것 아닙니까. 그렇다면 누군가 행정부 장관이 됐건 김영환 충북지사가 됐건 책임에 대한 불똥이 튈 것 아닙니까. 이거 하기 싫은 거죠. 결국 책임을 회피하겠다는 뜻 아닙니까. 이래놓고서는 일선 경찰서 압수수색한다? 이러면 공직자들이 일할 맛 납니까? 이러면 기강도 안 서는 거고요. 이러기 때문에 지금 윤석열 정부 이대로는 안 된다라는 국민의 원성이 자자한 것이죠.

◇ **박지훈** : 민주당에서는 수해 대책 입법 패키지 발의를 했던데 우리 노웅래 의원께서 도시 침수 방지법을 내셨더라고요. 그 내용 소개 좀 해주십시오.

◆ **노웅래** : 도시침수 방지법이요. 이 법이 미리 입법이 됐다고 그런다면 아마도 이런 오송 지하차도 이런 참변이나 작년 강남역 침수 사태 피해 같은 것을 막을 수 있어 있지 않을까. 하는 그런 아쉬움이 있는 거고요. 그러니까 실제로 이런 사건은 나는 것을 막기 위해서 하천이나 하수구 이런 등을 아우를 수 있는 도시침수 예방사업 계획을 통합 추진할 부처 간에 통합 추진할 수 있는 법적 근거를 마련하는 법입니다. 그러니까 특히 이번 사건, 오송 사건에서 나타난 것처럼 도심 지역 중에서 홍수 피해가 우려가 되는 침수 예방 지점에 대해서는 우선적으로 그리고 집중적으로 침수 방지 사업, 그 대비책을 강구할 수 있도록 하는 내용을 담고 있습니다. 그랬다는 점에서 오송 지하차도 입법이 미리 됐다면 이건 막을 수 있지 않았을까 하는 아쉬움이 있는 것이고요. 이건 2021년 9월달에 낸 법인데 행정안전부가 반대해서 지금 안 되고 있었거든요. 이제 입장을 바꿨습니다. 여야 원내대표가 수해 관련 법 우선 처리하겠다 했기 때문에 아마 내일 본회의가 열리거든요. 아마 처

리될 거다. 이렇게 예상하고 있습니다.

◇ **박지훈** : 처리가 될 것이다. 당내 현안도 질문을 드려보겠습니다. 지금 쌍방울 대북송금 의혹 사건, 말들이 많은데 이화영 전 부지사 진술 번복 논란도 있고 또 아내가 부인이 변호사 해임을 했다가 법정에서 해임한 것 아니다라고 하고 그 논란까지 지금 많이 있습니다. 어떻게 보고 계십니까?

◆ **노웅래** : 검찰의 조작 수사와 관련된 얘기 같은데요. 이런 쌍방울 방북 비용 대납, "이재명 지사에게 당시 지사에게 진술했다. 검찰 미리 보고를 했다, 안 했다." 이렇게 진술이 번복되는 것 아닙니까. 그리고 이화영 전 지사의 부인은 "이것에 대해서 검찰에 이건 회유 협박이 있고 이거는 과거 군사독재 정권 때 그 이상의 반인권적 조작 수사 때문에 이런 일이 생기는 거다" 라고 얘기를 하고 있는 것 아닙니까. 결국에는 정치검찰이 8월까지는 어떻게든 이재명 대표 구속 청구해서 인신 구속해서 결국에는 총선에 정부 여당이 승리할 수 있도록 하기에는 시나리오에 따라서 하는 거 아니냐 하는 것을 우리는 의심하지 않을 수가 없는 거고요. 실제로 그렇게 착착 진행되고 있다고 봅니다. 검찰이 사실상 이거는 정치에 본격 뛰어들었다. 검찰이 지배하는 세상이 됐다. 이렇게밖에 볼 수 없을 것 같아요.

◇ **박지훈** : 지금 말한 것처럼 8월 영장 청구 얘기가 지금 나오고 있거든요. 지난 2월에 이재명 대표 체포동의안 표결 당시에 한 30여 표 이상 이탈표가 나왔다고 분석이 되고 있는데 지금 당내 분위기는 어떻습니까?

◆ **노웅래** : 그러게요. 지금 당내 분위기 달라진 게 뭐 있겠습니까. 결국에는 한동훈 정치검찰 시나리오대로 착착 진행되고 있는데 새로운 특별한 분위기가 있을 수 있겠습니까? 지금 아마도 7월 내일 해서 7월 말 임시국회 끝나면 8월 15일까지는 국회가 열리지 않죠. 그런데 아마도 검찰이 지금 이것을 어떻게 할까, 이렇게 저울질한다고 본다면 아마도 그 이후에 회기 중에 영장을 쳐서 민주당 내부 분열을 기도하지 않을까. 이렇게 우리는 우려하고 있고 걱정하고 있습니다.

◇ **박지훈** : 지금 어쨌든 간에 민주당 윤관석 의원이라든지 이상만 의원, 또 돈봉투 관련해서도 줄줄이 체포동의안 나올 수도 있다고 하는데 어떻게 보십니까? 우리 노웅래 의원님도 체포동의안이 한번 했었고요. 계속 지금 될 수도 있다. 이렇게 보시는 겁니까? 검찰에서 검찰 영장 청구를 할 것이다.

◆ **노웅래** : 영장 청구 하려고 우리 전당대회 때 돈 봉투 이거 지금 돈 받은 사람들 10명, 20명 해서 소환하겠다고 그렇게 하는 것 아닙니까? 아마 소환 날짜를 저울질하고 있을 텐데 아마 그렇게 해서 결국에는 20명, 30명 이렇게 해서 기소해서 정치에, 우리 총선에 확실한 영향력을 미치려고 하겠죠.

◇ **박지훈** : 지금 우리 노웅래 의원님도 지금 사실 영장이 청구됐다가 체포동의안이 부결됐고 지금은 재판이 진행 중인 겁니까?

◆ **노웅래** : 지금 준비 절차를 해서 3번 준비 절차

◇ **박지훈** : 공판 준비기일

◆ **노웅래** : 본격 재판을 아마 8월부터 시작할 것 같아요.

◇ **박지훈** : 정치자금법 위반이죠.

◆ **노웅래** : 네, 정치자금부터 뇌물 혐의까지도 저를 해놨던데요. 저는 내가 정치하면서 기자하면서 내가 돈 받아먹고 이런 일 한 사람이 아닌데 하여튼 혐의를 받고 있으니까 하여튼 결과적으로는 사필귀정이다. 진실의 힘대로 결론이 날 거다. 이렇게 보는 거고요. 결국에는 이건 정치검찰이 증거조작을 하고 있는 거다. 나는 저는 이렇게 봅니다. 왜냐하면 정치검찰이 저 기소한 증거들 대부분 이게 지금 이정근 사건에 관련된 사기전과 5범, 박우식, 그 부인 조규청 휴대폰에서 나온 전자정보 아닙니까? 그런데 이걸 적법 절차 없이 임의로 내 사건의 증거로 사용하는 것은 위법하다고 문제를 제기한 것이고요. 법원에. 위법하게 수집한 증거 사용할 수 없다는 것을 재판부에 지적을 한 겁니다. 시정해 달라 이렇게 한 거고.

◇ **박지훈** : 위법 수집 증거 배제해 달라.

◆ **노웅래** : '위수증'이라고 해서 위법하게 수집한 증거는 빼달라. 증거로 인정할 수 없다는 거고요. 더 큰 문제가 있다고 그런다면 나에게 돈 줬다는 사람은 지금 기소되지 않았습니다. 그러면 돈 준 사람이 없는데 어떻게 돈 받은 사람이 있을 수 있습니까? 이거는 정치검찰이 거짓 증거를 조작해서 나에게 돈

줬다는 사람 기소하지 않는 대신에 거짓 진술을 강요하고 있다. 저는 이렇게 밖에 볼 수 없습니다. 그렇지 않다면 돈 줬다는 사람 이건 뇌물공여죄 정자법(정치자금법) 위반이니까 당연히 기소해야 하는 것 아닙니까? 기소 안 할 이유가, 그렇지 않다면 기소하라. 저는 이렇게 얘기하는 거고요. 이뿐만이 아니라 증거 조작은 제가 국회 체포동의안 처리 때 돈 봉투 소리 난다고.

◇ **박지훈** : 돈 봉투 소리는 들어보셨습니까?

◆ **노웅래** : 악질적인 증거 조작인데요. 들어봤어요.

◇ **박지훈** : 혹시 어떤 소리인데요?

◆ **노웅래** : 들어봤는데 인위적으로 녹음 파일을 가공을 했더라고요. 잡음 소리 들리는 걸 돈 봉투 소리다. 이렇게 조작을 했던데 이거 증거 조작 실태에 대해서는 내가 재판 과정에서 분명하게 공개하겠습니다.

◇ **박지훈** : 증거 조작을 했기 때문에 그 부분에 대해서 위법 수집 증거로 배제를 할 뿐만 아니라 나중에 공개도 하시겠다 이 말씀입니까?

◆ **노웅래** : 네, 이렇게 증거 조작해서 결국에는 언론 플레이에서 여론 조작하고 그리고 범법자로 낙인 찍고 그냥 멀쩡한 사람 그러면 범법자로 몰고 간 이런 쪽으로 수사를 한다고 그런다면 이건 실체적인 진실을 밝히는 수사가 아니고 이거는 야당 때려 잡는 특정한 정치인 죽이려는 이거는 이건 정상적

인 수사가 아니고 공작 수사, 기획 수사 아니면 이렇게 할 수가 없죠.

◇ **박지훈** : 그러면 이재명 대표라든지 지금 윤관석, 이성만 의원 그 수사도 그렇게 한다고 보시는 겁니까?

◆ **노웅래** : 저는 그렇게밖에 볼 수 없습니다. 왜냐하면 그것도 돈 받은 사람이 없는데 돈 줬다는 사람만 구속영장 치는 이런 재판이 이런 수사가 어디 있고 이런 재판이 어디 있습니까, 나는 재판에서 가려질 거다. 그래서 지금처럼 실체적 진실을 밝히려는 수사가 아니고 야당 때려잡고 이거를 특정인 나 같은 사람 정치적으로 죽이려는 이런 수사라면 이건 정상적인 수사 아니다. 나중에 책임져야 할 국가적인 폭력이다. 저는 이렇게 보는 거고요. 법정에서 정치검찰의 무도함. 우리가 '검폭'이라고 그러는데 '검폭'이 아니고 '법폭'입니다. 법을 빙자한 폭력이고 검찰의 폭력이다. 그래서 이건 국가 폭력이기 때문에 나중에 분명히 책임을 져야 할 것이고요. 이들의 무도함 낱낱이 법정에서 밝히겠습니다.

◇ **박지훈** : 마지막으로 돈 봉투 소리 말씀하셨는데 잡음 소리를 가공한 것이다. 이렇게 말씀하셨잖아요. 잡음을 어떻게, 의뢰를 한 겁니까?

◆ **노웅래** : 아니죠. 기소가 되면 다 관련 수사 내용을 줍니다. 그래서 만약에 돈봉투 소리가 났다고 그런다면 내가 수사할 때 저한테 묻거나 지적하거나 확인하거나 제시해야 되지 않습니까? 아무것도 안 물어보고서는 저는 어떤 면에서는 이재명 대표를 구속시키기 위한 전초전으로 간 보기 위한 용으로

했기 때문에 무조건 구속시켜야 하기 때문에 저를 만약에 제가 체포동의안이 통과돼서 제가 구속이 됐다고 한다면 십중팔구 이재명 대표는 마찬가지로 체포동의안 통과됐을 겁니다. 이 시나리오대로 하려고 그러다가 제가 거기 체포동의안 처리 때 막혔기 때문에 지금 결국에는.

◇ **박지훈** : 그 돈 봉투 소리가 획획 그냥 소리가 나는 거예요?

◆ **노웅래** : 칙칙 소리밖에 없는 거죠.

◇ **박지훈** : 본인이 확인하신 건 아니죠? 의뢰를 한 건.

◆ **노웅래** : 아니요. 의뢰가 아니고 본인들이 준 파일이죠.

◇ **박지훈** : 들어보니까 그냥 잡음 소리 같다고 느낌이 온다는 이 말이죠.

◆ **노웅래** : 당연하죠. 그리고 거기서 무슨 뭘 줬느냐 하는 그것도 전부 가공해서 녹음 파일을 가공해서 나온 것이기 때문에 가공된 파일은 증거 능력이 없습니다. 그런데 그거를 다 자기들 임의대로 입맛대로 가공을 해서 증거를 조장해서 나를 뭘 준 거니 전에도 줬는데 뭘 전해줬다는 게 나한테 선물을 줄 수 있는 거 아닙니까. 그런데 그걸 다 돈을 줬다. 그래서 짜 맞춘 건데 저는 이번 일을 겪으면서 왜 조서를 꾸미느냐 하는 말이 있는지는 알겠어요. 조서를 쓰는 거지 않습니까? 맞추는 거죠. 끼어 맞추는 거죠. 엮는 거죠. 그래서 우리 정치검찰 이제는 검찰 이거 달라져야지, 지금 이렇게 해서 사람

실체적 진실을 밝혀줘야죠. 국민이 위임한 수사권 공권력이라면 지금 그렇게 안 하고 있는 게 문제인 거죠.

◇ **박지훈** : 알겠습니다. 오늘 말씀 여기까지 듣겠습니다. 감사합니다.

◆ **노웅래** : 고맙습니다.

◇ **박지훈** : 노웅래 더불어민주당 의원과 함께했습니다. 1부 마치겠습니다.

* 아래 텍스트는 실제 방송 내용과 차이가 있을 수 있으니 보다 정확한 내용은 방송으로 확인하시기를 바랍니다.
* 노웅래 의원 개인 입장에 대한 반론 인터뷰도 추후 진행할 예정

전북대학교
CHONBUK NATIONAL
UNIVERSITY
노웅래

제 3 부

정치인 노웅래

국회의원 노웅래 더불어민주당 최고위원 출마선언문

"문재인 정부를 성공시키고 촛불혁명을 완수하겠습니다"
무한책임·일편당심 노웅래!
당의 중심을 잡고 승리하는 민주당 만들겠습니다-

존경하는 국민 여러분, 더불어민주당의 주인이신 당원 여러분,

서울 마포갑 노웅래입니다.

저는 오늘 더불어민주당 최고위원에 도전합니다.

저 노웅래에게는 꿈이 있습니다. 민주당의 꿈이기도 합니다.

최초로 수평적 정권교체를 이루고 외환 위기를 극복한 김대중 정신,
혈혈단신으로 진영, 정파, 지역을 넘어 시민과 함께 한 노무현 정신,
촛불 명령을 받들어 국민의 나라, 정의로운 대한민국을 만드는 문재인 정신,

민주당의 자랑스러운 이 모든 자산을 하나로 묶어
문재인 정부를 반드시 성공시키고 집권 20년, 100년 정당을 만드는 것,
바로 저 노웅래의 소망이고, 소명입니다.

국민은 4.15 총선에서 압도적인 승리를 주셨습니다.
'코로나 위기를 극복하라, 문재인 정부를 꼭 성공시키라'는 명령입니다.

그러나 총선 후 3개월, 바람이 심상치 않습니다.
코로나는 다시 살아나고, 경제는 어려워지고 있습니다.
통합당의 반대로 공수처 설치, 검찰 개혁도 지지부진합니다.
한반도 평화, 외교에도 먹구름이 끼고 있습니다.

문재인 정부와 대한민국의 운명을 가를 엄중한 시기입니다.
'당의 자산을 총동원해 이 위기에 선제적으로 대응해라, 새 당 지도부는 여기에 모든 것을 걸어야 한다'고 국민과 전국의 당원들께서 강력하게 요구하십니다.
유력 대권 주자가 당 대표에 나선 이유가 무엇이겠습니까.
4선인 제가 최고위원에 나설 수밖에 없는 이유가 무엇이겠습니까.
국민과 당원의 준엄한 명령에 무한책임을 지겠다는 각오입니다.

존경하는 당원 여러분

위기에 선제적으로 대응하려면 원팀은 기본이고 베스트팀이 필요합니다.

노웅래는 현장에서 성과를 만들고 당을 지키고 당과 함께 커왔습니다.

박근혜의 전경련 불법모금 774억원을 맨 처음 밝혀냈고,

정유라의 부정 입학도 밝혀내 촛불혁명의 도화선을 당겼습니다.

이마트 비정규직 노동자 1만 2천명을 단숨에 정규직으로 전환해

관련 업계로 확산시키는 등 비정규직 문제의 전환점을 만들어 냈습니다.

1급 발암 물질 라돈 침대 문제도 언론에 맨 처음 제기했습니다.

2017년 대선에서는 유세본부장으로 문재인 대통령과 전국을 돌면서

당 갈등의 원인이었던 유세장 질서를 깔끔하게 정리해 승리에 앞장섰습니다.

노웅래는 대를 이어 당을 지켜 온 65년 민주당의 뿌리입니다.

노웅래 머리에는 오직 문재인 정부 성공만 있습니다.

노웅래 심장에는 오직 촛불 명령, 개혁 완수만 있습니다.

당의 중심을 잡고, 당을 위해 희생하고, 결과에 책임지는 정치인,

당과 끝까지 함께 하고, 당 대표와 최고위원의 소통을 이끌어 내는

경험 있는 정치인 한 명쯤은 새 지도부에 들어가야 하지 않겠습니까.

노웅래가 무한책임으로 봉사하겠습니다.

존경하는 당원 여러분,

문재인 정부의 '국민의 나라, 정의로운 대한민국'은 전진해야 합니다.
월급 모아 집 살 수 있는 상식의 나라,
비정규직 정규직 차별 없는 공정한 나라,
교육, 실업, 노후 걱정 없는 행복한 나라,
그러한 세상으로 우리는 가고 있는가, 우리는 촛불 명령을 잘 받들고 있는가,
집권 20년, 100년 정당을 꿈꾸는 176석 여당이라면 묻고 또 물어야 합니다.

민주당이 더 강하고, 더 유능해질 수 있도록
노웅래가 신호등이 되어 국민과 당원을 대신해 묻고 또 물어서
문재인 정부에서는 절대로 레임덕이 없다는 것을 반드시 증명해 보이겠습니다.

첫째, 당의 중심을 잡고, 통합의 지도부를 만들겠습니다.
진영과 정파를 넘어 통합의 전당대회를 만들겠습니다.
서울 출신 노웅래가 수도권을 대표하고, 호남과 영남을 배려하고 강원, 충청, 제주를 지원하면서 당을 키우겠습니다.
노·장·청, 원내·원외, 당심·민심이 찰떡궁합인 당,
그렇게 만들어진 당심과 민심을 청와대와 정부에 가감 없이 전달하겠습니다.

둘째, 성과로 말하는 당을 만들겠습니다.
경험과 정치력을 총동원해서 야당을 파트너로 인정하겠습니다.
그러나 통합당이 끝내 발목만 잡는다면 단호한 자세로 일하고 평가받겠습니다.
코로나 위기 극복, 부동산 정책, 검찰 개혁, 남북관계 개선에

당의 모든 역량을 집중해 힘 있는 개혁, 안정감 있는 개혁을 지원하겠습니다.

셋째, 선거 승리에 저의 모든 것을 던지겠습니다.
선당후사 노웅래, 당의 간판이 아니라 갑판을 지키겠습니다.
뱃머리에서 파도와 맞서고 배의 구멍은 온 몸으로 막겠습니다.
수구 세력과는 끝까지 싸우고 우리 후보를 지켜 당의 승리를 이끌겠습니다.

존경하는 당원 여러분,
선택과 집중으로 당을 더 강하게, 더 유능하게 만들겠습니다.
당 사무총장, 서울시당 위원장을 역임한 노웅래가 약속합니다.

첫째, 대의원, 당원의 권한을 더욱 강화하겠습니다.
부동산, 조세 정책 등 당의 중요한 결정에 반드시 당원의 뜻을 묻겠습니다.
선거 공천 과정에 대의원, 권리당원의 참여를 더욱 반영하고, 보장하겠습니다.

둘째, 원외 지역, 정치적 소외 계층을 집중 지원하겠습니다.
원외 지역위원장협의회의, 중앙위원, 당무위원 추천권을 부여하겠습니다.
당 청년위원회, 노인위원회에 정당 국고보조금 5%를 배정하겠습니다.

셋째, 시도당을 적극 지원하겠습니다.
시도당 국고보조금 및 당비 지원 확대, 직원 정규직화를 추진하겠습니다.
시도당과 중앙당과의 정책 협의를 정례화해 당의 정책에 꼭 반영하겠습니다.

넷째, 지방의원, 자치단체장이 정권 재창출의 선봉장이 되도록 하겠습니다. 기초자치단체장협의회, 기초·광역의원협의회와의 정책현안간담회를 정례화하고 지방의원을 지원하는 보좌관도 신설하겠습니다.

다섯째, 당 소속 보좌진, 사무처 당직자를 적극 지원하겠습니다. 각종 선거에서 보좌진 당직자의 당직을 배려하고 비례대표를 당선권에 각각 의무적으로 배치하겠습니다. 보좌진 및 사무처 대의원을 확대하겠습니다.

존경하는 당원 여러분
개혁을 완수하고 문재인 정부의 성공에 당이 앞장서도록 하겠습니다.
'무한책임' 노웅래, 문재인 정부의 성공과 정권 재창출에 혼신을 다하겠습니다.
김대중, 노무현의 꿈, 문재인 정부의 염원이자 민주당의 꿈인
집권 20년, 100년 정당, 저 노웅래가 당원 여러분과 함께 결단코 해내겠습니다.
감사합니다.

2020년 7월 22일

[1번지현장] 노웅래 민주연구원장의 '대선 기상도'

◎ 2022-02-08
◎ **방송** : <1번지 현장>
◎ **진행** : 정호윤 앵커
◎ **대담** : 노웅래 더불어민주당 의원(민주연구원장)

[앵커] 더불어민주당 이재명 후보가 현재 판세를 어려운 여건으로 판단하고 정체된 지지율을 끌어올리기 위해 광폭행보를 이어가고 있습니다.
뉴스1번지 1번지 현장 오늘은 더불어민주당 싱크탱크 민주연구원을 이끌고 있는 노웅래 의원과 함께하도록 하겠습니다.
어서 오세요.

[노웅래 / 민주연구원장(이하 노웅래)] 안녕하세요. 노웅래입니다.

[앵커] 민주연구원에서 계속해서 매일 판세분석 하시지 않습니까? 추세는 어떻습니까? 저희는 여론조사를 통해서 언론 보도를 통해 접하는데 자체적인 흐름들 좀 유사합니까?

[노웅래] 지금 우리 일반 여론조사 결과 나오는 것처럼 큰 차이는 없다고 봐도 되실 것 같고요. 일단은 지금 설 연휴 이후에 지금 거의 붙은 상태죠. 그러니까 지금 오차범위 내에서 초박빙으로 접전을 벌이고 있는 상황이고 대체적으로는 지금 우리가 추격하는 상태다 이렇게 봐야 되겠죠.

그런데 설 이후에 TV토론을 했지 않습니까? 그 이후에 지지 후보를 바꾸지 않고 유지하겠다는 유권자가 80%가 되고 있거든요. 그렇다고 그런다면 지금 상황에 특별한 변화가 없다 그런다면 아마도 초박빙 구도는 그대로 갈 수 있을 거다라고 보이는 거고요. 다만 이제 남은 대형 이슈는 단일화가 어떻게 될 거냐 하는 것이 우리가 볼 수 있는 관전포인트다 이렇게 할 수 있겠죠.

[앵커] 단일화가 잘 안 되면 보수 야권의 단일화가 잘 안 되면 이재명 후보에게는 상당히 유리하게 받아들일 수도 있을 텐데 그 부분 어떻게 전망하세요?

[노웅래] 지금 단일화라는 것을, 윤석열, 안철수의 단일화를 얘기하시는 거잖아요.

[앵커] 보수 야권에요.

[노웅래] 보수 야권에. 이제 사실상 오늘 관훈클럽에서 안철수 후보가 얘기했잖아요. 단일화가 닥치고 단일화는 안 하겠다. 묻지 마 단일화 안 하겠다 그리고 수단이 아닌 목적이 있는 단일화, 좋은 단일화를 하겠다고 했거든요.

국민의힘에서는 안철수 찍으면 이재명 된다 이렇게 얘기해서 안철수를 어떻게든 죽이려고 한다면 지금 윤석열과 안철수의 단일화 이거는 거의 쉽지 않은 구도로 보이는데 단일화가 갑자기 되는 거니까 안 된다 이렇게 속단할 수는 없지만 적어도 단일화가 그냥 권력 나눠 먹기 그런 식으로 야합하는 단일화가 아니라면 그렇다면 국민들이 원하고 정치의 도움이 되는 단일화라 그러면 미래 진영 연합 반 기득권 연합 그런 식의 어떤 개혁 연합 단일화 이런 식의 연합이 돼야 그게 단일화가 되는 게 맞다고 보는 거고요. 그런 의미에 있어서는 이재명 후보와 안철수 후보의 단일화, 이것도 꺼진 불이 아니다 지켜봐야 된다 저는 이렇게 봐야 됩니다.

[앵커] 꺼진 불이 아니다. 그렇다면 물밑에서 뭔가 움직이는 게 있습니까?

[노웅래] 그건 실무적으로 만나서 될 일은 아니라고 보는 거고요. 이렇게 분위기는 잡고 이럴 수는 있지만 결국에는 후보들 간의 결단의 문제이기 때문에 아마도 그거는 갑자기 올 수 있는 게 단일화 결단이라고 저는 이렇게 봅니다.

[앵커] 적어도 이재명 후보는 안철수 후보와의 단일화에 대해서 좀 열린 마음으로 뭔가 새로운 동력으로 삼을 수도 있겠다 이런 생각이 있다, 이렇게 이해해도 되겠습니까?

[노웅래] 그럼요. 이재명 후보의 뜻은 확실하게 새 정치로 세상을 바꿀 수 있다고 한다면 그건 단일화가 아니라 공동 정부 어떤 형태로든 할 수 있다 라는 입장이라는 것을, 그렇게 알고 있습니다.

세상을 바꾸는 것이 중요한 거지, 지금 어떤 형태로 정권이 형태가 가는 거냐 그건 또 다른 부차적인 문제라고 봐야 되겠죠.

[앵커] 이재명 후보가 노무현 전 대통령의 적자임을 강조하고 이렇게 대선레이스를 이어가는 것은 이해가 되는 부분인데 경쟁을 펼치고 있는 윤석열 후보나 안철수 후보나 최근 들어서 노무현 전 대통령을 거론하면서 이른바 노무현 마케팅을 활용하는 모습들을 저희들이 보고 있습니다. 노 의원께서는 어떻게 생각하셨습니까?

[노웅래] 결국에는 지금 국민들이 원하는, 지금 원하는 새로운 정치의 모양이 통합의 정치를 원하는 것 아니냐 이렇게 보고요.

그런 면에 있어서 노무현 대통령에 대한 국민들의 열망이 있다, 이렇게 보고 그런 면에서 여야 가리지 않고 노무현 대통령의 정치를 계승하겠다 이렇게 하는 거고 마찬가지로 우리 이재명 후보 역시도 우리 4기 민주 정부로서 문재인 정부의 정신과 정책 방향은 계승하지만 그렇지만 그 방식은 차별해서 가는 거죠. 그래서 현 정권의 연장이 아닌 거죠.

현 정권의 대안, 개혁 세력이다 이렇게 보는 거예요. 그런 의미에서는 이재명 후보는 정권 교체의 진정한 정권교체에 의미가 있다, 이렇게 우리는 보고 있습니다. 규정하고 있습니다.

[앵커] 주제 좀 바꾸어 보겠습니다. 최근 뜨거운 이슈인데요. 베이징 동계 올림픽 개막식에 한복 논란도 있었고 어제 우리 대표팀의 쇼트트랙 경기 이것을 통해서 반중정서가 굉장히 국민들 사이에서 끓어오르고 있습니다. 그래서 이게 대선의 핵심변수로 적용할지 아니면 찻잔 속 태풍에 그치게 될지 관심이 가는데, 왜냐하면 집권 여당이기 때문에 얼마나 효과적으로 그리고 효율적으로 응대를 하고 대응을 하느냐가 관건 아니겠습니까? 국민들의 보는 시선이랑 이게 부합할지도 관심사고요. 어떻게 보세요?

[노웅래] 그러게요. 지금 이제 우리 현 정부가 친중 정부다 이렇게 보는 일부 시각이 있는 거 아닙니까? 그래서 그걸 무조건 그냥 반중 정서가 있다라고 몰아가는 것은 나는 국익에 도움이 안 된다라고 봅니다.

저희가 어제 쇼트트랙에서 우리나라 선수가 선전을 했는데도 이해할 수 없는 이유로 실격 패 한 것 아닙니까? 그래서 이건 사실상 우리 국민 입장에서는 열불 날 일이죠.

그래서 이 부분은 사실 관계를 정확히 따져서 우리가 중국이라고, 옆 나라라고 수출 많이 하는 나라에서 한마디 못하는 게 아니라 사실 관계를 정확히 따져서 이의 제기할 것은 확실히 제기해서 바로잡아야 한다고 봅니다.

그렇지만 그렇다고 해서 이게 감정적으로 이걸 몰아가서 정략적으로 이용해서 몰아가서 국민들 반중정서를 부추기고 이를 이용하려는 세력이 있다고 그런다면 이거야말로 국익에 반하고 도움 되는 일이 아니다. 그리고 우리 선수들 그동안 노력해서 지금 출전했는데 우리 선수들 경기에도 악영향을 미칠 수 있다. 그래서 이것은 우리가 감정적으로만 볼 일은 아니고 우리가 냉정하게 잘못된 건 잘못된 대로 시정하는 그런 자세로, 제소할 건 제소하고 문제 삼을 건 문제 삼아서 바로 잡는 노력을 해야 된다 이렇게 봅니다.

[앵커] 알겠습니다. 이재명 후보 배우자 김혜경 씨 부적절한 의전, 그리고 법인카드 사용 이런 부분에 대해서 논란이 좀처럼 가라앉지 않고 있습니다. 이재명 후보는 사과를 했는데 이 의혹 규명이 제대로 된 건지 그리고 그런 것들과 연관돼서 대중들의 여론은 그렇게 고운 상황은 아니거든요. 충분했던 겁니까? 아니면 앞으로 뭔가 더 해야 된다고 보십니까?

[노웅래] 지금 잘못된 건 확실히 잘못된 것 아니에요? 그래서 우리가 같은 민주당이라고 그래서 변명하면 안 된다고 보는 거고요. 지지율에도 일정 부분 반영이 된 것은 사실이고 지금 후보도 그렇고 김혜경 여사 역시도 잘못된 일이라 사과를 했고요. 책임질 일이 있으면 책임지겠다 이렇게 얘기한 거 아닙니까? 그렇게 확실하게 사과하고 책임지겠다라고 한 건 아주 저는 잘했다고 보는 거고요.

그래서 이거는 조사를 해서 문제가 있으면 있는 대로 그건 처리가 돼야 되는 것이 맞는 거고요. 앞으로 이제 구조적으로 이런 문제가 더 생기지 않도록 하는 걸 만들어내는 것이 더 중요한 과제라고 생각하고요. 국민의힘이 그런데 이걸 이게 사실은 대선의 본질은 아니잖아요. 그런데 이걸 정략적으로 집요하게 물고 늘어져서 본말이 전도되게 하는 건 바람직하지 않다. 그렇게 된다면 그거야말로 잘못된 일이다 저는 이렇게 봅니다.

[앵커] 말씀하신 것처럼 야당에서는 매일같이 맹공을 퍼붓고 있는데 문제는 민주당에 애초에 해명 그리고 피해자에 대한 제보자에 대한 또 2차 가해 논란까

지 나오면서 과연 이 민주당 선대위에 인물들이 여기에 대한 대응이 과연 적절했느냐 여기에 대한 비판 의견도 굉장히 크더라고요.

[노웅래] 우리 민주당 내도 여러 사람이 있으니까 또 그걸 감싸려고 하거나 변명을 하거나 그렇게 됐던 게 조국 전 장관 때 그런 거 아닙니까? 잘못된 건 잘못됐다고 해석하고 우리가 분명히 하고 갈 필요가 있는데 그런 부분에서 우리가 잘 못했기 때문에 내로남불 정권이니 기득권이 됐다 우리 민주당도 이런 지금 지적을 받고 우리가 지금 그런 면에서 몰려 있는 거 아닙니까? 그래서 잘못된 건 잘못된 거고 앞으로 이런 일 다시 재발되지 않도록 하고 책임질 거 책임지는 그런 자세가 저는 중요하다고 봅니다.

[앵커] 그러게요. 잘못된 거는 잘못됐다고 하는 것이 어떻게 보면 당연한 거고 그것이 또 진정한 용기인데 쉽지 않은가 봅니다. 정치권에서는.

[노웅래] 그러니까 정치를 하면 어떤 때 막 올라가다 보면 자기 의에 빠지는 경우가 있는 거 아닙니까? 남은 다 잘못됐다고 하면서 자기는 깨끗하고 정의롭다고 이렇게 생각할 수 있는데 그다음부터는 하산하는 거 아닙니까? 그 다음부터는 위험의 길로 불구덩이로 들어가는 거겠죠. 국민들이 인정합니까? 그런 거 인정할 수 없겠죠.

[앵커] 추경 얘기도 좀 해 보겠습니다. 재정당국과 신경전이 꽤 첨예한데요. 정부에서는 14조 정도, 민주당은 35조, 국민의힘은 50조 각각 다르고 이것이 결국은 재원을 어떻게 마련하느냐 이것이 문제 아니겠습니까? 어떻게 보세요. 잘

풀어갈 수 있을까요?

[노웅래] 재원 마련이 됐었던 건데 지금 기재부가 모피아죠. 곳간 지키라고 하는데 곳간 주인행세를 하면서 지금 된다, 안 된다 그러는데 작년에 사실상은 사상 유례가 없는 침체의 경기가 왔던 것 아닙니까? 그런데 증세를 한 겁니다. 침체가 왔는데 증세를 하는 나라가 어디 있겠습니까? 그러니까 증세를 해서 65조까지 더 세수를 더 거둔 거죠.

그리고 세수 추계를 오차가 있었던 거고요. 세수 오차가 발견됐으면 그거를 그러면 세수를 조정해서 세금을 깎아줘야만이 경기침체기에 그나마 경기가 좀 유지될 것 아닙니까? 그런데 그걸 그냥 세수가 보통 추경 오차가 생기는 것이 2~3%가 보통이었는데 이건 지금 22%, 23% 오차가 지금 생길 걸로 봐요. 12월 계산이 안 돼 있는데. 그래서 이렇다고 한다면 그래서 만약에 작년에 65조의 세금를 더 거뒀다면 그거를 온전히 쓴다고 한다면 우리는 지금 경기 일상회복을 하는 순간 아닙니까? 지금 코로나 입구가 아니라 출구란 말이에요.

일상회복을 하자고 그런다면 당연히 가장 어려운 고통 겪고 있는 자영업자, 소상공인들을 도와주는 데 쓰는 게 맞는 거죠. 그런데 그렇게 쓰지 않고 찔끔찔끔 조금 도와주고서는 그리고서 이번에 그동안 다른 돈 필요 없이, 그 돈으로만 해도 지금 전액 보상을 했을 거예요, 소상공인에 대해서 그런데 그걸 안 하고서 지금 와서 그럼 지금이라도 너무 어렵고 목에까지 불만이 차 있고 힘드니까 도와주자 그랬더니 지금 못 하겠다 라고 하는 게 지금 홍남기 부총리의 국회에 가서 한 발언 아닙니까?

그래서 이제는 대통령의 결단만 남아 있다, 저는 이렇게 봅니다. 홍남기 부총리는 무슨 이유로 고의적으로 세금 추계를 저렇게 오차를 많이 세금 추계를 잘못 계산해 놓은 거거든요. 그래서 저게 어떤 의미가 있는 건지.

그래서 저는 만약에 잘못된 국정 운영 바로잡기 위해서라도 홍남기 부총리는 지금 자리에 있건 자리를 나중에 그만두던 간에 국정조사해서 다시는 이렇게 국가세금 추계 오차가 생기는 이런 잘못을 하지 않도록 국정조사에 앉혀서 반드시 엄중한 처벌을 해야 된다. 책임을 물어야 된다 이렇게 봅니다.

[앵커] 홍남기 부총리에 대해서 굉장히 단호한 입장이시네요.

대선 얘기로 다시 돌아와서요. 29일 남았습니다. 30일도 채 남지 않은 상황, 민주당 싱크탱크 민주연구원장으로서 남은 29일 최고의 전략 어디에 초점을 맞춰야 한다고 보십니까?

[노웅래] 지금은 결국에는 남아 있는 것은 중도층 부동층이죠. 20대, 30대 여기 아닙니까? 중도층의 불안 의식, 그러니까 망설이는 걸 우리가 극복하려고 한다면 역시 뭐니 뭐니 해도 이재명 후보의 독주할 할 수 있다라는 그런 이미지나 그런 의지를 확실하게 그렇지 않다라는 이미지를 각인시키는 게 중요하다고 봅니다. 더더군다나 우리가 의석이 지금 180의석을 갖고 있기 때문에 분명히 이재명 후보는 한다고 하면 하는 사람이다 해결한다 라고 하는데 해결하는 데 또 지금처럼 이 정권처럼 또 밀어붙이기식으로 일방적으로 하는 게 아니라 이제는 조금 더디게 가더라도 일방적으로 독주하지 않는 이재명이 해결하는 그런 식으로 간다라는 걸 보여주는 게 중도층의 불안과 위기의식을 해소하고 끌어들일 수 있는 방법이다 이렇게 생각하고 있고요.

20대 같은 경우에는 더 공격적으로 그리고 더 논란이 되는 공약을 우리가 발표해야 된다고 봅니다. 젊은이들이 관심 있는 가상자산 같은 경우에. 5000

만 원까지 주식과 똑같이 비과세한다든지.

그리고 이런 공약이죠. 국내 코인을 발행을 안 하고 있거든요. 이제는 취업의 시대가 아니고 창업의 시대입니다. 청년 창업의 시대를 만들기 위해서 그리고 다른 나라 청년들 좋은 일이 아니라 우리 청년들에 자금 조달할 수 있는 국내 가상자산 발행할 수 있도록 하는 이런 공약들 과감히 이제는 좀 내야 되고, 지금 윤석열 후보는 주식시장 활성화한다고 그래서 처음에는 증권거래세 폐지한다고 했다가 양도세 폐지로 바꿨잖아요. 우리 증권거래세를 폐지하는 것은 이중과세니까요. 폐지하는 걸 공약으로 한번 이재명 후보가 얘기는 했는데 정식으로 나는 이제는 폐지하는 공약을 내세워서, 정말 있는 자 기득권자들을 위한 공약을 내세운 윤석열이냐 아니면 일반 사람 우리 누구나 1,000만 우리 국민들의 자금 조달 그리고 재투자하는 것을 도와주는 실익이 되는 공약을 할 거냐 판단을 받을 필요가 있다고 생각합니다.

[앵커] 방송 마치고 직접 말씀하셔야겠습니다. 여기까지 듣도록 하겠습니다. 지금까지 민주연구원장 민주당 노웅래 의원이었습니다. 고맙습니다.

※ 내용 인용시 연합뉴스TV 〈뉴스1번지〉와의 인터뷰 내용임을 밝혀주시기 바랍니다.

위기에 필요한 사각지대 발굴, 긴급한 혁신이 필요하다
— 수원 세 모녀 사건의 재발을 어떻게 막을 것인가?

⊙ 더불어민주당 민주연구원(원장 노웅래 의원)은 9월 13일(화) "위기에 필요한 사각지대 발굴, 긴급한 혁신이 필요하다"라는 제목으로 정책브리핑 보고서를 발표했다. 보고서는 "지난 8월 21일 경기도 수원의 한 연립주택에 세 들어 살던 세 모녀 사망사건을 계기로 복지사각지대 발굴이 왜 반복적으로 실패하는가? 그리고 그에 대한 해소방안은 무엇인지"에 대한 해답을 찾고자 했다.

⊙ 윤기찬 연구위원은 "수원 세 모녀 사망사건은 현재의 복지사각지대 발굴범위가 지나치게 협소하고, 신청주의 중심의 복지급여 제공방식의 한계에서 오는 것"이라고 지적했다. 윤기찬 연구위원은 "현재의 복지사각지대 발굴방식은 보장기관의 장이 위기상황에 처해 있다고 판단하거나 자살자 또는 시도자가 발생한 가구를 대상으로 13개 기관 34종의 데이터를 연계하여 예측모형을 통해 발굴대상자를 선정하는 방식"을 채택하고 있다. 또한 이렇게 "발굴된 대상자를 지자체에 배포하여 위험가구 여부를 확인하고, 복지급여를 제공하는 과정"을 거친다고 설명했다.

⊙ 보고서는 "현재의 복지사각지대 발굴시스템은 생계급여 기준인 중위소득 30%에도 미치지 못하는 선별적 발굴방식으로 발굴대상자 중 복지급여를 받지 못하는 사각지대가 여전히 존재하는 구조"라고 설명했다. "2021년 기준 발굴대상자 중 20만 명이 여전히 복지급여의 혜택을 받지 못하고 있다." 라고 지적했다. 이는 "신청주의 중심의 복지급여 방식과 사각지대 발굴을 위한 전담인력의 절대적 부족"에서 발생한다는 의견이다.

⊙ 특히 민주연구원은 복지사각지대 발굴과정 자체의 문제점도 지적하였다. "위기상황 관련 데이터를 실시간으로 연계하기 어렵고, 주민등록지에 거주하지 않는 경우 위험가구를 발굴하기 어려운 점도 한계"로 지적했다. 또한 "연계 데이터 역시 질병, 채무, 세대구성 등과 같은 개인적 특성과 지역 간 재산과 소득 격차 등에 가중치를 부여하지 않고, 전국적으로 단일 기준을 적용하여 숨겨진 사각지대가 있을 수밖에 없다"라고 설명했다.

⊙ 윤 위원은 반복되는 위기가구 발굴 실패를 줄이기 위해 몇 가지 해결책을 제시했다. "발굴대상자를 중위소득기준 50%까지 확대하고, 신청주의 중심의 복지급여 제공방식에서 직접 찾아내는 방식으로의 전환이 필요하다"라고 지적했다. 특히 "직접 찾아가서는 발굴방식이 활성화하기 위해 공무원뿐만 아니라 명예사회복지공무원 등과 같은 민간자원을 활용하는 방안도 고려해야 한다"라고 설명했다.

⊙ 그리고 "거주지와 관계없이 누구나 위험가구를 발굴하고 복지급여를 신청할 수 있는 풍토"가 조성되어야 하며, "공무원이 직접 위기가구 발굴 및 급여신청에 주저하지 않도록 적극적 행정면책 제도도 활용해야 한다"고 설명했다. 한편 "지자체 특성을 반영한 발굴시스템이 구축될 수 있도록 중앙정부가 지원하고, 공공과 민간을 모두 포함한 관련기관과의 데이터 연계를 활성화"해야 한다는 의견이다.

⊙ 노웅래 민주연구원장은 "숨어있는 복지사각지대를 해소하기 위하여 민주당 차원의 개혁입법을 준비해야 한다"라고 설명했다. 특히 "윤석열 정부의 관심에서 벗어나 있는 민생 관련 사회보장급여법, 긴급복지지원법, 국민기초생활보장법 등의 개혁입법을 통해 위기가구가 극단적 선택하지 않도록 민주당이 도와주어야 한다"라고 지적했다.

노웅래의
민생정치

노웅래
"쏘카는 유니콘이 되었는데, 타다 기사들은 길바닥에"

- 타다 기사 12,000여명, '문자 해고' 당한 후 일용직 전전
- 기업가치 1조원 쏘카, 퇴직금 지급은 물론 산재 등 4대보험 가입도 해준 적 없어
- 지난 5월 중노위의 노동자 인정 판결에도 노동부는 법률자문조차 안 해
- 노동부 소극적 행정 뒤에는 전관예우의 그림자까지
- 노 의원 "노동 존중하지 않는 혁신은 혁신이라 할 수 없어"

◈ 더불어민주당 노웅래 최고위원(서울 마포갑)이 타다 기사들의 부당해고에 대해 기업의 부도덕과 노동부의 소극행정을 지적하고 나섰다.

◈ 타다의 모회사인 쏘카가 12번째 1조가치 기업인 유니콘에 등극할 동안, 타다가 해고시킨 12,000여 명의 운전기사들은 퇴직금 한 푼 받지 못한 채 일용직 등을 전전하고 있는 것으로 밝혀져서 충격을 안겨주고 있다.

김태환 타다비대위원장에 따르면, 올해 타다의 서비스가 중단된 이후 타다 측에서는 어떠한 설명도 없이 운전기사들을 문자로 해고 했다. 하루아침에 길바닥에 나앉게 된 기사들은 갈 곳을 찾지 못한 채, 건설 현장 일용직 등으로 생계를 꾸려가고 있다는 것이 그의 설명이다.

◈ 현행 근로기준법에 따르면, '경영상 해고'를 하기 위해서는 먼저 경영자가 해고 회피 노력을 다해야 하고, 해고 50일 전부터 해고의 기준과 대상자 선

정을 위해 근로자 대표와 협의하도록 하고 있다. 그러나 타다의 경우, 근로자가 아닌 프리랜서로 계약을 맺었다며 근로기준법을 하나도 지키지 않았고, 퇴직금과 연장·휴일 근로수당은 물론 산재보험을 포함한 4대보험도 제공하지 않았다. 결국 사업의 존속 여부와 별개로 타다는 운전기사들을 근로자가 아닌 개인사업자로 취급해 왔던 것이다.

◈ 그러나 올해 5월, 중앙노동위원회는 타다 운전기사 A씨에 대해 프리랜서가 아닌 사실상 근로자로 인정하였다. 업무 매뉴얼을 따르고 복장 규정을 따라야 하는 등 사용자의 지시에 따라 근무한 근로기준법상 근로자로 본 것이다. 또한 쏘카를 실질적 운영자로서 근로자를 실질적으로 지휘 감독한 사용자로 판정하였다. 준 사법기관이 정식으로 타다의 '불법해고'를 인정한 것이다. 이는 플랫폼 노동자의 근로자성에 대한 이정표 역할을 할 전향적 판단으로 노동계에서는 평가받고 있다.

◈ 문제는 중노위 판결 이후에도 노동부가 아직까지 아무런 자체조사도 하지 않고 있다는 점이다. 타다가 지난해부터 사회적으로 크게 이슈화 되었고, 수많은 언론 기사가 나왔음에도 불구하고 노동부는 타다 기사들을 비롯한 플랫폼 노동자의 근로자성에 대해 입장을 밝히지 않고 있다. 단지 타다 기사들이 직접 검찰에 고발한 건에 대해서만 검사의 지시를 받아 동부지청에서 개별적으로 조사하고 있을 뿐이다.

심지어 노동부는 타다 사건에 대하여 한 건의 법률자문 조차 요청한 적이 없다. 노동부의 한 해 법률 자문이 약 50여건에 이르고, 故 김용균씨 사건 관련해서만 5~6건의 법률 자문이 있었음을 감안하면 매우 이례적이다. 타다 관련해서 노동부가 봐주고 있다는 주장이 설득력을 받는 까닭이다. 실제로 지난해 전직 노동부장관 정책보좌관이 타다의 모회사인 ㈜쏘카로 취업을 한 것도 이 같은 주장을 뒷받침 한다.

◈ 국회 환경노동위원회 소속인 노웅래 의원은 "타다 모회사인 쏘카가 기업 가치 1조원을 평가 받는 동안, 퇴직금 한 푼 못 받고 '문자 해고'를 당한 12,000여명의 운전기사들은 일용직을 전전하고 있다"라고 전한 뒤, "중노위 판결이 났음에도 불구하고, 노동부가 특별 감사를 비롯한 아무런 자체 조사조차를 안하고 있는 것은 심각한 직무유기다" 라고 지적했다.

또 "일각에서는 타다를 법으로 금지한 것이 문제라 지적하지만, 이와는 별개로 타다는 처음부터 운전기사들을 근로자가 아닌 일회용 부품으로 여긴 것이나 다름없다"라며, "어떠한 혁신도 노동을 존중하지 않는다면, 혁신이라 불릴 가치가 없다"라고 강조하였다.

노웅래, '마포구 신규 소각장 주변 토양조사 대상... 기준치 95% 초과 불소 재확인'

- 마포구 조사 결과, 8곳 중 7곳에서 기준치 초과 유독성 발암물질 불소 재확인,
- 주민의 건강과 안전을 위해 서울시의 우선적 토양정밀조사, 오염 토지정화 촉구

◈ 마포구 상암동에 짓기로 한 신규 쓰레기 소각장 예정지 인근 300m 이내 8곳에서 실시한 토양조사에서 7곳에서 법적 기준치를 초과한 유독성 발암물질인 불소가 검출된 것으로 재확인됐다.

◈ 마포구가 18일 한국환경수도연구원에 의뢰해 실시한 토양환경오염조사에서 신규 쓰레기 소각장 예정지 인근 토양조사에서 소각장 입지 예정지 300m 이내의 8개 지점 중 한 곳을 제외한 7개 지점에서, 많게는 기준치의 95%를 초과한 779mg/kg의 유독성 발암물질 불소가 검출된 것으로 조사됐다.

◈ 지난 5월 노웅래 의원(서울 마포갑/국회 환경노동위원회)이 의뢰해 국립환경과학원 등이 마포 소각장 예정지에서 실시한 토양 환경오염조사 결과, 기준치 400mg/kg의 1.4배가 넘는 563mg/kg의 불소가 검출됐다. 이에 대해 환경부는 노웅래 의원실이 실시한 토양오염 조사 결과에 대해 법적 기준에 따라 분석한 것을 인정한 바 있다.

◈ 노 의원은 "많게는 기준치의 95%를 넘는 불소가 검출된 것이 확인됐다. 불소는 과다노출 시 피부나 폐에 손상을 주는 발암물질이기 때문에, 마포 소각장 추가 건립 추진에 앞서 주민의 건강과 안전을 담보하기 위해 토양정밀조사와 오염 토양정화가 먼저 선행되어야 한다"라고 촉구했다.

중대재해법은 종이호랑이?...
시멘트 업계 산재 3년만에 2배 폭증

- 산재 피해자, 2020년 86명에서 지난해 200명으로 232% 급증
- 중대재해법 1호 사건 발생 후에도 쌍용C&E 등에서 지속적으로 사망사고 발생
- 노웅래 의원 "법 무시하는 시멘트업계에 대해 강도 높게 조사해야"

◈ 중대재해처벌법 시행에도 불구하고, 시멘트 업계의 산업재해 발생은 오히려 급증한 것으로 나타났다.

◈ 국회 환경노동위원회 소속 노웅래 국회의원(더불어민주당, 서울 마포갑)이 고용노동부로부터 받은 자료에 따르면, 20년 시멘트제조업의 산재피해자는 86명에서 22년 200명으로 3년만에 232%나 급증하였다. 올해 상반기까지만도 벌써 121명의 산재 피해자가 발생하였고, 이 같은 추세라면 연말에는 지난해의 200명을 훌쩍 넘어설 것으로 보인다.

◈ 사망자가 발생한 중대재해도 전혀 줄어들지 않고 있다. 2020년 2건에서, 21년 4건에 이어 2022년에도 3건의 사망사고가 발생하였다. 특히, ㈜삼표산업에서 발생한 사고가 중대재해처벌법 1호 사건으로 처리되면서 여론의 주목을 받았음에도 불구하고, 쌍용C&E의 경우 2021년 1건, 2022년 2건 등 지속해서 사망사고를 일으키고 있다.

◈ 사고 유형도 ▲컨베이어 청소작업 중 끼임 ▲구조물 설치 중 추락 ▲석탄 더미 무너짐 등 후진적인 사고로서, 기본적 안전수칙만 지켰어도 예방할 수 있었던 사고가 대부분이다. 시멘트 업계가 법을 무서워하지 않고 여전히 안전불감증에서 벗어나지 못했다는 지적이 나오는 이유다.

◈ 노 의원은 "시멘트 업계는 그간 국가기간산업이라는 이유만으로 환경 규제에서도 특혜를 받아왔을 뿐 아니라, 노동자 보호조차 제대로 하지 않아 왔다"라며, "중대재해처벌법 시행에도 불구하고, 산재가 폭증하고 사망자가 지속 발생하는 만큼 국정감사를 통해 철저한 조사를 하여 반복되는 악순환을 끊어내겠다"라고 의지를 밝혔다.

시멘트제조업 산업재해 현황

구분			2020년	2021년	2022년	2023년. 6월말
시멘트 제조업	재해자	계	86	159	200	121
		사고	46	45	43	23
		질병	40	114	157	98

폐기물시설 환경영향평가 100% 통과, 환경파괴에 면죄부 주는 환경부

- 최근 5년간 공공부문 폐기물 시설 환경영향평가 결과, 환경부 반대 '0건'
- 노웅래 의원 "마포구 소각장도 사실상 통과를 전제로 하고 있어, 환경영향평가제도 본연의 역할을 찾아야"

◈ 최근 5년간 공공부문 폐기물 시설 환경영향평가에서 환경부의 부동의나 반려 결정이 단 한건도 없었던 것으로 밝혀지면서, 사실상 답을 정해놓고 구색 갖추기를 하고 있다는 주장이 제기되었다.

◈ 환경영향평가는 환경보전과 지속가능한 발전, 건강하고 쾌적한 환경조성을 추구하기 위해 1977년 도입되었으며, 전략환경영향평가는 환경영향평가를 실시하기 전 입지선정 단계에서 환경부와 사전 협의하는 제도이다.

◈ 더불어민주당 노웅래 국회의원(서울 마포갑)이 환경부로부터 제출받은 자료를 분석한 결과, 2018년 이후 실시된 폐기물시설 환경영향평가(환경영향평가·전략환경영향평가·소규모 환경영향평가) 43건 중 조건부 동의가 29건(67%)으로 가장 많은 것으로 나타났다. 이어 사업 추진기관이 스스로 취하한 경우도 9건(21%)이나 됐다. 환경부가 적극적인 의사를 행사했다고 볼 수 있는 부동의와 반려 결정은 각각 3건(7%)과 2건(5%)에 그쳤다.

◈ 특히 공공부문 환경영향평가에서는 부동의나 반려 결정은 단 한 건도 없이 통과되었다. 동일 기간 공공부문 환경영향평가 15건 중 조건부 동의 결정이 13건, 나머지는 취하 2건이었다. 민간부문도 부동의나 반려 결정은 모두 소규모 환경영양평가에만 이루어졌다.

〈표1〉 폐기물시설 환경영향평가 평가결과(2018년 이후)

평가결과	구분		건수(건)	비율(%)
동의 (29건, 67%)	공공부문 (13건, 30%)	환경영향평가	2	5%
		전략환경영향평가	4	9%
		소규모환경영향평가	7	16%
	민간부분 (16건, 37%)	환경영향평가	11	26%
		전략환경영향평가	2	5%
		소규모환경영향평가	3	7%
부동의 (3건, 7%)	공공부분 (0건, 30%)	환경영향평가	-	0%
		전략환경영향평가	-	0%
		소규모환경영향평가	-	0%
	민간부분 (3건, 7%)	환경영향평가	-	0%
		전략환경영향평가	-	0%
		소규모환경영향평가	3	0%
기타 (반려, 취하) (11건, 26%)	공공부분 (2건, 5%)	환경영향평가	-	7%
		전략환경영향평가	1	0%
		소규모환경영향평가	1	2%
	민간부분 (9건, 21%)	환경영향평가	-	0%
		전략환경영향평가	-	0%
		소규모환경영향평가	9	21%
총계			43	100%

출처: 환경부

◈ 최근 서울시는 마포구 상암동 일대에 1,000톤 가량의 쓰레기를 소각할 수 있는 광역자원회수시설(소각장) 설치를 추진하기 위해 전략영향평가 초안 공청회를 진행했지만, 주민 200여 명이 당일 인근에서 항의 집회를 열고 모든 행정절차를 거부하겠다는 뜻을 밝힌 바 있다. 서울시는 2023년 상반기 중 전략영향평가 본안을 작성하여 환경부 산하 한강유역환경청과 협의에 들어갈 예정이다.

◈ 노웅래 의원은 "마포구 소각장 역시 사실상 결과를 정해놓고 환경영향평가를 실시하고 있다"라며, "환경영향평가제도가 본연의 역할을 다 할 수 있도록 시급히 개선해야 한다"라고 강조했다.

노웅래 의원, '동물쇼 금지법' 발의

- 전시를 위한 학대 및 인위적 훈련 금지
- 위반 시 벌칙 규정 신설하여 동물복지 실현 유도

◈ 노웅래(더불어민주당, 서울 마포 갑) 의원이 동물쇼를 금지하는 내용의 「동물원 및 수족관의 관리에 관한 법률 일부개정안」을 발의했다.

◈ 본 개정안은 이용자의 관람을 목적으로 동물들을 인위적으로 훈련시키고 공연하는 행위를 금지하고, 이와 관련한 벌칙도 신설하여 동물원 및 수족관 보유 생물의 복지를 증진시키려는 취지다.

◈ 동물쇼를 위해서는 인위적인 훈련과 학대가 따르기 때문에 동물들이 스트레스를 받을 수밖에 없고 이는 생명을 단축시켜 동물복지에도 역행하는 것이다. 최근 국내 수족관에서 사육되던 돌고래가 폐사하면서 수족관이 돌고래를 학대하고, 죽음을 이르게 하는 강제수용소라고 지적된 바 있다.

◈ 이런 문제점을 인식한 이탈리아, 오스트리아, 싱가포르, 덴마크, 이스라엘 등은 이미 야생동물이 동원되는 모든 동물쇼를 법으로 금지하고 있다.

◈ 노 의원은 "이 법이 통과되면 동물의 학대를 막고 개체 수 보호에도 긍정적

인 영향을 주어 인간과 동물이 상생하는 계기가 마련될 것으로 기대된다"라고 밝혔다.

명절은 좀 쉽시다.....
노웅래, 카톡 업무지시 금지 법안 발의

- 근로시간 외 반복적이고 지속적 업무지시 금지, 위반 시 과태료 부과
- "근무시간 외 반복적인 업무 연락은 갑질이자 괴롭힘….
  휴일과 명절 등 근로자의 사적 영역 온전히 보장돼야"

◈ 명절 연휴 '업무 카톡 지옥'을 벗어나게 할 법률 개정안이 제출됐다.

◈ 더불어민주당 노웅래 국회의원(민주연구원장, 서울 마포 갑)은 근로시간 외에 전화, 문자, SNS 등 각종 통신수단을 이용한 반복적이고 지속적인 업무지시를 금지하는 「근로기준법」 일부개정법률안을 대표 발의했다고 밝혔다.

◈ 퇴근 후에도 이어지는 업무지시와 명절에도 끊이지 않는 업무 연락은 수년 전부터 문제로 제기돼왔다.

◈ 최근에는 정보통신기기 보급이 늘어나고, 코로나19로 인해 비대면 업무수행 방식이 활성화됨에 따라 사회관계망서비스(SNS)를 통한 업무 보고 및 지시가 더욱 증가한 상황이다.

◈ 게다가 직장갑질119의 조사에 따르면, 근무시간 외 SNS를 통한 업무지시, 업무 완수를 위한 휴일·명절 출근 지시에 대해서는 상위관리자 일수록 문제없다는 태도를 보인 바 있다.

◈ 주 52시간 근무제가 시행됐지만, 각종 통신수단을 이용한 연락으로 퇴근 후 업무지시에 대해서는 큰 차이가 없는 실정이다. 휴식의 리듬을 깰 정도로 반복적이고 지속해서 연락하거나 시간을 따로 들여 답해야 할 연락이 왔다면 초과근무로 볼 수 있다는 지적도 있다.

◈ 대기업을 위주로 몇 년 전부터 오후 10시 이후 업무 관련 카톡을 금지하는 등 일·가정 양립을 위한 문화 개선 움직임이 있었다. 그러나 여전히 직장인 대다수가 퇴근 후 카톡 등을 이용한 업무지시로 스트레스를 호소하고 있다.

◈ 외국의 경우 프랑스를 비롯하여 이탈리아, 슬로바키아, 필리핀, 포르투갈에서는 노동법에 '연결되지 않을 권리'를 명시하는 등 법제화를 통해 직장인들이 퇴근 후 개인 생활을 온전히 할 수 있도록 보장하고 있다. 우리나라에서도 지난 20대 국회에서 관련 법안이 발의된 적 있으나, 과잉 규제라는 비판에 통과되지 못하고 폐기된 바 있다.

◈ 이에 개정안은 사용자가 근무시간 외에 반복적이고 지속적으로 업무지시를 내리는 것을 규제 대상으로 한정하고, 대신 이를 위반할 경우 500만원 이하의 과태료를 부과하도록 처벌 규정을 신설하여 과잉규제라는 비판을 피하고 법의 실효성을 높이고자 하였다.

◈ 노 의원은 "반복적이고 지속적인 근로시간 외 업무지시는 노동자의 사생활과 쉴 권리를 침해하는 갑질이자 직장내 괴롭힘으로 봐야한다"라며, "근절되지 않는 구태를 청산하고 노동자의 인권을 보호하기 위해서는 억지력을 갖춘 제도가 필요하다"라고 입법 취지를 설명했다.

반복되는 강남역 침수 막자…
통합 도시침수대책법 마련 입법 토론회 개최

- 2월 13일(월) 9시 30분, 국회의원회관 제1소회의실에서
  국회의원 노웅래, 박대수와 환경부 공동 주최
- 노 의원, "이상 집중호우 통상적 대책으로 해결 불가, 체계적 도시침수 방지 방안 마련 해야"

◈ 노웅래 국회의원(서울 마포 갑)은 2022년 여름 집중호우 등으로 발생한 도시침수와 관련하여 종합적인 대책을 논의하기 위해 2월 13일 오전 9시 30분 국회의원회관 제1소회의실에서 박대수 국회의원, 환경부와 공동으로 '도시침수 대책 입법토론회'를 개최하였다.

◈ 최근 10년(2011~2020년) 간 국내에서 발생한 자연재해의 피해액 4조 4,192억원 중 태풍과 호우 등 홍수로 인한 피해가 4조 1,125억원으로 약 93%를 차지했으며, 같은 기간 인명피해는 290명으로 이 중 약 60%인 183명이 태풍과 호우로 인해 발생하였다.

◈ 작년 8월에 발생한 수도권 집중호우는 기존의 예측 범위를 넘어서는 큰 비로 서울과 수도권 일대에 큰 피해를 입혔다. 당시 서울 동작구에서는 1907년 기상관측 이후 최대인 380mm가 넘는 비가 내리기도 하였다. 한 달 뒤인 9월에는 태풍 '힌남노'가 기록적인 폭우를 동반하면서 포항·경북 일대

를 휩쓸었다. 도시의 홍수 방어능력을 뛰어넘는 500년 빈도의 강우로 포스코 등 국가산단이 침수되었다. 많은 전문가들은 기후변화로 인해 작년과 같은 큰 비가 더 많이 발생할 것으로 예상하고 있다.

◈ 그동안 도시침수를 방지하기 위하여 하천과 하수도를 정비하며, 우수유출 저감시설을 설치하는 등 다양한 정책이 추진되었다. 하지만 도시침수방지 대책들이 부처별로 개별법에 따라 따로 추진되면서 대책 간 연계가 부족하고 사업이 중복 추진되는 문제가 계속 지적되었다. 이런 문제점을 개선하기 위하여 노 의원은 지난 2021년 9월 「도시하천유역 침수피해방지대책법」을 발의한 바 있다.

◈ 이런 상황 속에서 도시침수와 관련한 문제점 및 현장의 실태를 폭넓게 살펴보고, 「도시하천유역 침수피해방지대책법」에 대해 논의하기 위하여 오늘 토론회가 마련되었다.

◈ 토론회는 성장현 강원대학교 교수가 사회를 맡은 가운데 이상은 국토연구원 안전국토연구센터장이 「도시하천유역 침수피해방지대책법」 제정안의 주요 내용과 취지에 대해 발제하였다. 이어서 정참삼 인덕대학교 교수가 '기후변화시대 도시하천유역 침수대책의 난제와 성공을 위한 제언'을 주제로 기후변화를 고려한 도시침수 방지대책에 대해 발표하였다.

◈ 패널토론은 이상호 부경대학교 교수가 좌장을 맡은 가운데 오재일 중앙대

학교 교수, 윤익준 대구대학교 교수, 김진수 국회입법조사처 입법조사관, 강찬수 중앙일보 환경전문기자가 참석하였다. 정부에서는 성지원 환경부 도시침수대응기획단 부단장과 이상원 행정안전부 재난경감과장이 참석하여 정부의 향후 정책 방향에 대해서도 의견을 더하였다.

◈ 토론자들은 기후변화로 인해 도시의 홍수 방어능력을 초과하는 극한 강우가 계속 발생될 것으로 전망하며 홍수피해 대책을 부처별·계획별로 따로 추진하기보다는 도시하천 유역 전반에 걸친 종합적인 대책이 필요하다는 것에 공감하였다. 또한, 「도시하천유역 침수피해방지대책법」이 제정되면 하천·하수도 등을 종합하는 도시침수 방지대책을 추진할 수 있는 기반이 마련될 것으로 예상되며, 이를 위해 부처 간 협력과 각계 전문가들이 도움이 필요한 사항에 대해서도 심도 깊은 논의가 진행되었다.

◈ 오재일 교수(상하수도 학회)는 돌발홍수는 AI(인공지능)도 예측할 수 없다면서, 일본의 수위 계층 기반 예고 체계를 제안했고, 윤익준 교수(한국환경법학회)는 지자체에서 관리하는 소하천과 중앙부처과 관리하는 국가, 지방하천으로 나눠져 있는 현재의 문제를 지적하며 물관리일원화의 필요성을 지적했다. 김진수 조사관(국회 입법조사처)는 법률 대상을 도시는 외수범람보다는 내수범람에 의한 피해가 크기 때문에 도시하천으로 한정하지 말고 도시지역 전체로 확대해야 한다고 제안했다. 나명호 처장은 타 법과의 공간적 중복성을 피해야 한다면서, 하천유역을 지정하는 것 대신에 하천의 시점과 종점을 지정할 것을 제안했다.

◈ 토론회를 주최한 노 의원은 “작년 8월 수도권 집중호우와 9월 태풍 힌남노 내습으로 많은 생명이 희생됐고 포항제철은 조업을 멈추는 피해를 입었다”라며, “도시침수 대책이 사전 예방보다는 사후대응, 복구 지원에 집중했고 대응부처도 행안부, 환경부 등 여러 부처로 나눠져 행정 비효율이 있었다”라고 지적했다.

◈ 이어 노 의원은 “기후위기 시대에 현재의 부처별로 분산된 개별법으로는 도시침수를 예방하기에 한계가 있다”라며, “「도시하천유역 침수피해방지대책법」을 통해 침수방지 대책이 서로 연계되고, 유역 차원의 종합적인 대책이 마련될 수 있을 것이다”라고 입법 취지를 설명했다.

환경부의 대기업 봐주기?...
화학사고 사망자 발생, 삼성전자 여전히 '녹색기업'

- 2018년 삼성전자 기흥사업장, 화학사고로 사망자 발생했지만... 녹색기업 유지
- 2016년~2022년까지 108개 녹색기업 환경법령 위반에도 취소는 19%에 불과
- 노웅래 의원, "삼성 등 화학사고로 사망자가 발생한 대기업조차 녹색기업을 유지하는 것은 환경부의 전형적인 대기업 봐주기"

◈ 환경부가 앞으로 녹색기업 지정 시 화학사고를 일으킨 기업에 감점을 주는 것으로 알려졌다. 화학사고로 인명피해까지 발생한 기업이 녹색기업으로 선정돼 정부 혜택을 받는 등의 제도상 허점을 개선하겠다는 것이다.

◈ 녹색기업은 정부가 인정하는 친환경 기업으로 오염물질 감소, 자원·에너지 절감, 녹색경영 체제 구축 등 환경개선에 기여한 기업이나 사업장을 의미한다. 녹색기업으로 지정된 기업은 정기점검 면제 및 자금·기술 지원 등의 혜택을 받고 있다.

◈ 문제는 현행 녹색기업 선정 기준에 화학사고 이력이나 이로 인한 인명피해 여부가 포함되지 않았다는 것이다. 화학사고로 사망자가 발생한 기업이라도 정부 지원을 받을 수 있는 셈이다. 2018년 9월 삼성전자 기흥사업장에서 화학사고로 인해 2명의 사망자와 1명의 부상자가 발생했지만, 현재까지도 녹색기업 명단에 포함돼 있다. 사실상 녹색기업 제도에 허점이 있었다.

◈ 더불어민주당 노웅래 의원(서울 마포갑/환경노동위)이 환경부에서 제출받은 자료에 따르면 2016년부터 2022년까지 108개의 녹색기업이 총 142건의 환경법령을 위반했지만, 실제로 녹색기업이 취소된 경우는 19%(27건)에 불과했다. 작년 국회 환경노동위원회 국정감사에서도 노웅래 의원은 그린워싱(위장환경주의)의 문제를 제기하면서 녹색기업 지정 시 그린워싱 기업에 대한 제재를 강력히 주장한 바 있다.

〈표1〉 녹색기업 지정 취소 사유(2016년~2022년)

구분	건수		내용
법령 위반	20건	7건	대기환경보전법 위반
		6건	물환경보전법 위반
		1건	소음 · 진동관리법, 화학물질관리법 위반
		1건	수질 및 수생태보전법 위반
		1건	토양환경보전법 위반
		4건	화학물질관리법 위반
부정 지정	**7건**		**조작된 자가측정 자료 제출**

출처: 환경부

◈ 노 의원실이 확인한 결과, 환경부가 녹색기업 지정 시 지정기준에 화학사고 여부를 추가하여 녹색기업 제도의 전면 개편을 추진하고 있는 것으로 확인되었다. 제도가 개편되면 화학사고로 사망자가 발생한 삼성전자의 기흥사업장은 더 이상 녹색기업을 받을 수 없게 된다.

◈ 기존에는 대기, 수질 등 환경오염사고를 발생하거나 사람의 건강·환경에 피해를 준 경우에만 20점 감점을 부과했다. 그러나 제도 개편으로 화학사

고 감점기준이 강화돼 화학사고가 발생한 기업은 녹색기업 선정 과정에서 30점의 감점을 받게 된다. 화학물질관리법, 화학물질등록평가법 등에 따라 과징금 부과, 지정·허가 취소 등의 처분을 받은 기업의 녹색기업 지정이 취소되는 기준과 감점 기준이 신설된다.

◈ 또한, 지난해 한일시멘트와 같이 지정취소 사유에 해당하는 환경법령을 위반한 기업의 녹색기업 지정 제한 기간을 2년에서 3년으로 늘리고, 녹색기업 평가지표에 사회적 책임 분야를 명시할 예정이다.

◈ 노웅래 의원은 "삼성 등 화학사고로 사망자가 발생한 대기업조차 '녹색기업' 타이틀을 유지하고 있는 것은 환경부의 전형적인 대기업 봐주기에서 기인했다"라고 지적하며, "모양만 녹색기업이 아니라 실질적으로 환경을 생각하는 기업을 선별하고, 사망자가 발생한 기업은 일벌백계할 수 있도록 제도를 대폭 개선해야 한다"라고 경고했다.

국민의 건강과 안전 무시…
'서울시 마포 소각장 확정'

- 노웅래 의원, 소각장 부실 조사 논란 속, '오세훈 시장의 일방통행' 비판

◈ 노웅래 의원(서울 마포갑, 환경노동위원회)은 31일, 서울시가 신규 광역자원회수시설(이하 소각장) 입지로 마포구 상암동을 최종 확정한 것에 대해 오세훈 시장과 서울시가 국민의 건강과 안전을 무시하고 소각장 확정을 강행했다고 강하게 비판했다.

◈ 노웅래 의원은 5월 15일 마포구 신규 소각장 예정지를 대상으로 토양환경오염조사를 실시했고, 발암물질인 불소가 기준치의 1.4배에 달하는 수치가 검출되었다. 한화진 환경부 장관은 7월 14일 국회 환경노동위원회 회의에서 불소가 기준치 이상으로 검출된 의원실 조사결과에 대해 적법하게 진행된 것임을 인정했다.

◈ 이에 따라 마포구청은 불소가 기준치 이상 검출된 마포구 소각장 예정지에 대한 토양오염도를 정확히 확인하기 위해 8월 29일에 정밀토양오염조사를 실시했으며, 조사결과는 2주 뒤 나올 예정이었다. 서울시는 마포구의 정밀토양오염조사결과가 나오지 않은 상태에서 신규 소각장 부지를 확정한 것이다.

◈ 노 의원은 "오세훈 시장과 서울시가 국민의 건강과 안전을 무시한 채 일방적으로 마포구 소각장 부지를 확정한 것은 무효"라고 지적했다.

◈ 이어 노 의원은 "주민의 건강과 안전을 보장하지 않은 소각장 부지 확정은 수용할 수 없다"라며, "마포구의 정밀토양오염조사결과가 나올 때까지 소각장 부지 확정을 유보해야 한다"라고 강하게 주장했다.

◈ 이에 앞서 환경부는 마포구 신규 소각장 건설 관련 전략환경영향평가 결과를 조건부 동의하며, 대기오염물질 저감방안 마련과 토양오염우려 지역에 대한 정밀조사 및 정화조치를 주문한 바 있다.

'받아놓고 보자' 주먹구구식 행정의 전형, 고용노동부 작년 불용예산 3.6조원 넘어

- 2022년 예산 38조 9,640억원 중 9.35% 불용
- 노웅래 의원, "예산 과다편성 · 미집행 심각… 노동부 주먹구구식 행태 바꿔야"

◈ 국회 환경노동위원회 소속 노웅래 국회의원(더불어민주당, 서울 마포갑)이 고용노동부로부터 받은 자료에 따르면, 2022년 고용노동부 회계연도 결산 결과 3조 6,444억 원이 불용된 것으로 밝혀졌다.

〈붙임1〉 최근 3년간 연도별 고용노동부 결산 내역 (단위: 억원, %)

연도	예산현액(A)	지출액(B)	집행률(B/A)	이월액	불용액
2020년	427,560	402,116	94.0	48	25,395
2021년	412,956	389,338	94.3	20	23,379
2022년	389,640	353,140	90.6	51	36,444

◈ 최근 3년간(2020~2022년) 고용노동부 예산현액은 △2020년 42조 7,560억 원, △2021년 41조 2,956억 원, △2022년 38조 9,640억 원으로 매년 감소했다. 하지만, 같은 기간 불용액은 계속해서 2조 원을 넘겨왔던 것으로 파악됐다. 특히 지난해에는 3조 원이 넘는 과다한 불용액이 발생하며 2021년 2조 3,379억 원보다 약 1.5배 급증했다.

◈ 불용액이 큰 사업순으로 불용액과 집행률은 △청년추가고용장려금 6,196

억 원, 집행률 37.7% △국민취업지원제도 6,129억 원, 59% △산재보험급여 4,598억 원, 93.6% △사회보험사각지대해소 3,315억 원, 67.5% △청년일자리창출지원 3,094억 원, 43% △가사근로자고용개선지원 15.52억 원, 26% △중증장애인지역맞춤형취업지원 12.11억 원, 56.3% 순으로 나타났다.

〈붙임2〉 2022년 고용노동부 주요 불용 사업(불용액 높은순) (단위: 백만원, %)

구분	예산현액	지출액(집행률)	불용액
① 청년추가고용장려금 (고보기금)	995,210	375,628 **(37.3)**	**619,582**
② 국민취업지원제도 (일반회계)	1,496,351	883,337 **(59.0)**	**612,854**
③ 산재보험급여 (산재기금)	7,146,284	6,686,486 **(93.6)**	**459,798**
④ 사회보험사각지대해소 (일반회계)	1,019,700	688,184 **(67.5)**	**331,516**
⑤ 청년일자리창출지원 (일반회계)	542,769	233,321 **(43.0)**	**309,448**

이는 취업지원, 실업급여 등을 담당하는 고용서비스정책관실 업무에서 불용액이 많이 발생한 것이다.

◈ 이렇게 대규모 불용이 발생하는 주된 이유는 노동부의 부정확한 추계에서 비롯됐다. 취업취약계층을 대상으로 구직촉진수당과 취업지원서비스를 제공하는 국민취업지원제도의 경우, 적극적인 홍보에도 불구하고 참여 저조로 사업 목표 달성률이 21년 75.7%, 22년 43.9%로 감소하면서 목표 실적이 미달하고 있으나, 이에 대한 사전수요예측조사 없이 주먹구구식으로 과다하게 목표를 설정하여 불용이 크게 발생하고 있다.

◈ 더욱이 주요 불용 및 부진 사업들에 대해 노동부는 청년추가고용장려금 사업에 대해서는 주된 지원대상 기업의 채용담당자의 잦은 퇴사로 인한 신청 누락, 청년일자리창출지원 사업의 경우에는 기업들의 지원금 신청 지연을 한다는 이유로 제대로 관리하지 않고 책임을 전가하는 태도를 보인다.

◈ 노 의원은 "이 정도 큰 금액으로 불용이 난 것은 예산이 과다 편성되고, 사업 추진이 제대로 안 된 것을 의미한다."라며, "고용노동부는 제대로 집행되지 못한 사업에 대해서는 책임지고, 주먹구구식 행정에서 벗어나 사업주체로서 노동부는 구조적 문제를 개선하고 구체적인 계획을 세워 사업을 운영해야 한다."라고 강조했다.